中华人民共和国行业推荐性标准

公路桥梁荷载试验规程
Load Test Methods for Highway Bridge

JTG/T J21-01—2015

主编单位：长安大学
批准部门：中华人民共和国交通运输部
实施日期：2016 年 04 月 01 日

人民交通出版社股份有限公司

图书在版编目（CIP）数据

公路桥梁荷载试验规程：JTG/T J21-01—2015/长安大学主编. —北京：人民交通出版社股份有限公司，2016.2

ISBN 978-7-114-12751-9

Ⅰ.①公… Ⅱ.①长… Ⅲ.①公路桥—荷载试验—试验规程—中国 Ⅳ.①U448.146-65

中国版本图书馆 CIP 数据核字（2016）第 017100 号

标准类型：中华人民共和国行业推荐性标准
标准名称：**公路桥梁荷载试验规程**
标准编号：JTG/T J21-01—2015
主编单位：长安大学
责任编辑：李　农
出版发行：人民交通出版社股份有限公司
地　　址：（100011）北京市朝阳区安定门外外馆斜街3号
网　　址：http://www.ccpress.com.cn
销售电话：（010）59757973
总 经 销：人民交通出版社股份有限公司发行部
经　　销：各地新华书店
印　　刷：北京市密东印刷有限公司
开　　本：880×1230　1/16
印　　张：4.5
字　　数：101千
版　　次：2016年2月　第1版
印　　次：2020年4月　第3次印刷
书　　号：ISBN 978-7-114-12751-9
定　　价：40.00元

（有印刷、装订质量问题的图书，由本公司负责调换）

中华人民共和国交通运输部

公 告

第 63 号

交通运输部关于发布
《公路桥梁荷载试验规程》的公告

现发布《公路桥梁荷载试验规程》（JTG/T J21-01—2015），作为公路工程行业推荐性标准，自 2016 年 4 月 1 日起施行。

《公路桥梁荷载试验规程》（JTG/T J21-01—2015）的管理权和解释权属于交通运输部，日常解释和管理工作由主编单位长安大学负责。

请各有关单位在实践中注意总结经验，及时将发现的问题和修改意见函告长安大学（地址：西安市南二环路中段，邮编：710064），以便修订时研用。

特此公告。

中华人民共和国交通运输部
2015 年 12 月 25 日

交通运输部办公厅　　　　　　　　　　　　2015 年 12 月 29 日印发

前　言

根据交通运输部厅公路字〔2011〕115号《关于下达2011年度公路工程标准制修订项目计划的通知》的要求，由长安大学作为主编单位承担《公路桥梁荷载试验规程》（JTG/T J21-01—2015）的制定工作。

编写组在广泛调研的基础上，归纳总结了公路桥梁荷载试验方面成熟的经验，以与现行公路工程技术标准规范相协调为原则，针对公路桥梁荷载试验工作中存在的问题和需求，编制了本规程。

本规程共包括8章和5个附录。第1章总则，对规程的编制目的、适用范围、试验原则进行了规定；第2章术语和符号；第3章基本规定，对荷载试验程序、试验环境、计算原则进行了规定；第4章测试设备与技术要求，对静、动力参数测试及测试要求进行了规定；第5章桥梁静载试验、第6章桥梁动载试验，分别对试验工况及测试截面、测试内容、试验荷载、测点布置、试验过程控制及记录、试验数据分析进行了规定；第7章现场实施，对荷载试验中的测试支架、操作平台、现场布设及安全措施进行了规定；第8章试验报告编制，对试验报告格式及内容进行了规定；附录A给出了常见应变、变形、裂缝及倾角测试设备参数表；附录B给出了索力振动测试计算方法；附录C给出了常用桥梁自振特性、动力响应测试设备参数表；附录D给出了荷载试验过程中混凝土裂缝情况检查记录表；附录E给出了荷载试验报告封面、扉页及报告的参考格式。

本规程由贺拴海负责起草第1章、第2章和第3章，张劲泉负责起草第4章和附录A及附录C，赵煜、黄侨、许宏元负责起草第5章和附录B及附录D，唐光武、周志祥、宋一凡负责起草第6章，李传习、陈艾荣负责起草第7章，闫磊、乔怀玉负责起草第8章和附录E。

请各有关单位在执行过程中，将发现的问题和意见，函告本规程日常管理组，联系人：贺拴海（地址：西安市南二环路中段，邮编：710064；电话和传真：029-82334871；电子信箱：heshai@chd.edu.cn），以便修订时研用。

主　编　单　位：长安大学
参　编　单　位：交通运输部公路科学研究院
　　　　　　　　东南大学
　　　　　　　　中交第一公路勘察设计研究院有限公司

长沙理工大学
招商局重庆交通科研设计院有限公司
重庆交通大学
同济大学
陕西省交通厅基本建设工程质量监督站

主　　　编：贺拴海
主要参编人员：张劲泉　赵　煜　黄　侨　许宏元　周志祥　唐光武
　　　　　　　李传习　陈艾荣　宋一凡　闫　磊　乔怀玉
主　　　审：鲍卫刚
参与审查人员：刘士林　徐国平　何玉珊　赵君黎　胡仁东　赵会中
　　　　　　　向中富　马保林　王练柱　崔　军　王　强　生墨海
参 加 人 员：刘　静　王凌波　周勇军　宋　宁　施尚伟

目　次

1 总则 ··· 1
2 术语和符号 ··· 2
　2.1 术语 ··· 2
　2.2 符号 ··· 3
3 基本规定 ··· 4
　3.1 一般规定 ··· 4
　3.2 试验程序 ··· 4
　3.3 试验环境 ··· 6
　3.4 计算原则 ··· 7
4 测试设备与技术要求 ·· 8
　4.1 一般规定 ··· 8
　4.2 静力参数测试 ·· 8
　4.3 动力参数测试 ·· 10
　4.4 测试要求 ·· 11
5 桥梁静载试验 ··· 13
　5.1 一般规定 ·· 13
　5.2 试验工况及测试截面 ··· 13
　5.3 测试内容 ·· 16
　5.4 试验荷载 ·· 20
　5.5 测点布置 ·· 22
　5.6 试验过程控制及记录 ··· 29
　5.7 试验数据分析 ·· 30
6 桥梁动载试验 ··· 36
　6.1 一般规定 ·· 36
　6.2 试验工况及测试截面 ··· 36
　6.3 测试内容 ·· 39
　6.4 试验荷载 ·· 39
　6.5 试验过程控制及记录 ··· 40
　6.6 试验数据分析 ·· 41
7 现场实施 ··· 47
　7.1 一般规定 ·· 47

7.2 现场布设…………………………………………………………………… 48
7.3 安全措施…………………………………………………………………… 48
8 试验报告编制………………………………………………………………… 50
附录A 桥梁静力参数测试设备技术要求……………………………………… 53
附录B 索力振动测试法………………………………………………………… 55
附录C 桥梁动力参数测试设备技术要求……………………………………… 57
附录D 荷载试验过程中混凝土裂缝情况检查记录表………………………… 59
附录E 试验报告格式…………………………………………………………… 60
本规程用词用语说明…………………………………………………………… 64

1 总则

1.0.1 为规范和指导公路桥梁荷载试验工作，为桥梁结构技术状况及承载能力评定提供依据，制定本规程。

条文说明

　　桥梁荷载试验的目的是通过加载试验，记录桥梁在荷载作用下的结构反应，为桥梁结构技术状况及承载能力评定和日后养护、维修、加固的决策提供科学依据和支持。

1.0.2 本规程适用于新建、加固或改建公路桥梁的荷载试验。

1.0.3 公路桥梁荷载试验应遵循科学、客观、严谨、安全的原则。

1.0.4 公路桥梁荷载试验除应符合本规程的规定外，尚应符合国家和行业现行有关标准的规定。

2 术语和符号

2.1 术语

2.1.1 桥梁荷载试验 load test of bridge

通过施加荷载方式对桥梁结构或构件的静、动力特性进行的现场试验测试。包括静载试验和动载试验。

2.1.2 静载试验 static load test

通过在桥梁结构上施加与控制荷载等效的静态外加荷载，利用检测仪器设备测试桥梁结构控制部位与控制截面的力学效应的现场试验。

2.1.3 动载试验 dynamic load test

测试桥梁结构或构件在动荷载激振和环境荷载作用下的受迫振动特性和自振特性的现场试验。

2.1.4 控制荷载 control load

为进行荷载试验所确定的荷载，可用来确定荷载试验效率和初步分级加载等级所采用的荷载，可以是设计荷载或目标荷载。

2.1.5 目标荷载 goal load

事先设定的期望桥梁能够承受的荷载，需要通过荷载试验进一步确定。

2.1.6 支点沉降 support settlement

支座的压缩量与墩台的竖向位移值之和。

2.1.7 荷载试验效率 load efficiency ratio

试验荷载所产生的效应与控制荷载效应的比值。

2.1.8 结构校验系数 structural verification coefficient

试验荷载作用下结构应变（应力）或变形实测值与相应的理论计算值的比值。

2.2 符号

S——控制荷载产生的同一加载控制截面内力或变形的最不利效应计算值；

S_s——静载试验荷载作用下，某一加载试验项目对应的加载控制截面内力或变形的最大计算效应值；

S_t——试验荷载作用下量测的结构总变形（或总应变）值；

S_e——试验荷载作用下量测的结构弹性变形（或应变）值；

S_p——试验荷载作用下量测的结构残余变形（或残余应变）值；

S_i——加载前的测值；

S_l——加载达到稳定时的测值；

S_u——卸载后达到稳定时的测值；

S_d——动载试验荷载作用下控制截面的最大内力或变形；

ΔS——温度修正前的测点加载测值变化量；

ΔS_t——温度修正后的测点加载测值变化量；

ΔS_p——相对残余变形（或应变）；

S_e——横向各测点实测变形（或应变）平均值；

S_{emax}——实测变形（或应变）最大值；

S_{lmax}——控制荷载作用下控制截面的最大内力或变形（不计冲击）；

f——有附加质量影响的实测自振频率；

f_n——索的第 n 阶自振频率；

f_{dmax}——最大动挠度幅值；

f_{jmax}——波形振幅中心轨迹的顶点值；

f_{dmin}——与 f_{dmax} 对应的动挠度波谷值；

f_0——结构的自振频率；

C——测点的支点沉降影响修正量；

D——阻尼比；

M——附加质量；

M_0——结构在激振处的换算质量；

T——索力；

EI——索的抗弯刚度；

ρ——索的线密度；

μ——冲击系数值；

ξ——横向增大系数；

η——校验系数；

η_q——静载试验荷载效率；

η_d——动载试验荷载效率。

3 基本规定

3.1 一般规定

3.1.1 新建桥梁和进行了加固或改建后的桥梁，可通过荷载试验来检验桥梁结构的正常使用状态和承载能力是否符合设计要求。

3.1.2 对在用桥梁，除按《公路桥梁承载能力检测评定规程》（JTG/T J21—2011）第3.2.4条规定进行荷载试验外，存在下列情况之一时，可进行荷载试验：
  1 技术状况等级为四、五类。
  2 拟提高荷载等级。
  3 需要通过特殊重型车辆荷载。
  4 遭受重大自然灾害或意外事件。
  5 采用其他方法难以准确判断其能否承受预定的荷载。

3.1.3 对采用新技术、新工艺、新结构或新材料等设计建成的桥梁，进行荷载试验时，宜逐联或逐座进行。

3.1.4 荷载试验宜在桥面铺装完成且达到设计强度后实施。

条文说明
  桥面铺装施工完成且达到其设计强度，可以保证加载试验时桥面板受力和桥面行车试验更接近于设计状态。

3.1.5 荷载试验应保证桥梁结构整体及局部受力安全。

3.1.6 桥梁荷载试验的技术资料应归入公路桥梁养护技术档案和桥梁管理系统。

3.2 试验程序

3.2.1 荷载试验应按照试验准备、现场实施和试验结果分析三个阶段进行。

3.2.2 试验准备阶段工作内容应包括：

1 资料准备。应收集下列资料：
1) 设计资料：设计图纸、变更设计图纸和作为设计依据的其他原始资料。
2) 施工和监理资料：材料性能试验报告、各分项或分部工程验收报告等。
3) 施工监控资料：施工监控报告、成桥线形、内力（应力）、索力（杆力）等。
4) 竣工资料：竣工图纸、工程验收报告等。

2 现场调查。主要调查桥梁结构的总体尺寸，主要构件截面尺寸，主要部位的高程，桥面平整度，支座工作状况，材料的物理力学性能，结构物的裂缝、缺陷、损伤和钢筋锈蚀状况等。

3 测试孔选择。对拟试验桥联（座）进行现场踏勘和外观检查，选择代表性桥孔作为测试孔，同时宜考虑便于支架搭设或检测车操作，加载方便，仪器设备连接容易实现等。

4 方案编制。根据试验控制荷载作用下的结构内力、变位及结构基频等的理论计算结果，结合测试内容，按等效原则拟定试验荷载大小、试验工况、加载位置及方法，制订试验加载、测点布设及测试方案等。

条文说明

1 资料准备工作一般通过走访建设单位、管理单位及设计单位等，收集与桥梁荷载试验相关的技术资料。

2 试验桥孔通常具有试验桥联（座）受力性能的代表性，即结构受力最不利、技术状况较差、损伤缺陷突出。

3.2.3 现场实施阶段工作内容应包括：

1 现场准备。包括试验测点放样、布置，荷载组织，现场交通组织及试验测试系统安装调试等。

2 预加载试验。在正式实施加载试验前，应先进行预加载试验，检验整个试验测试系统工作状况，并进行调试。

3 正式加载试验。按照预定的荷载试验方案进行加载试验，并记录各测点测值和相关信息。

4 过程监控。监测主要控制截面最大效应实测值，并与相应的理论计算值进行分析比较，关注结构薄弱部位的力学指标变化、既有病害的发展变化情况，判断桥梁结构受力是否正常，再加载是否安全，确定可否进行下一级加载。

3.2.4 试验结果分析阶段工作内容应包括：

1 理论计算。按照实际施加荷载情况对桥梁结构内力、应力（应变）和变形进行理论计算。必要时尚应对裂缝宽度、动力响应等进行分析。

2 数据分析。对原始测试记录进行分析处理，提取有价值的信息。

3 报告编制。根据理论计算和测试数据对比分析，对试验结果做出判断与评价，形成荷载试验报告。

条文说明

原始测试记录包括大量的观测数据、文字记载和图片等材料，由于试验中影响因素较多，通常对其进行科学的分析比较，从中提取有价值的信息。对于一些数据或信号，必要时按照数理统计的方法进行分析、取舍，或依靠专门的分析仪器和分析软件进行分析处理，或按照相关规程的方法进行计算。

3.3 试验环境

3.3.1 荷载试验应在封闭交通状态下实施。

3.3.2 荷载试验不宜在强风下进行。悬索桥、斜拉桥、大跨径桁架拱桥及特高墩桥梁等，宜在3级风及3级风以下实施。对处于风力较大地区的特大跨径桥梁，荷载试验时宜对风环境进行监测，不能满足试验要求时应暂停试验。

3.3.3 荷载试验应在气温平稳的时段进行。气温低于5℃或高于35℃时，不宜进行荷载试验。当气温较低或较高时，应根据仪器设备正常工作的温度范围，确定是否进行荷载试验。

条文说明

荷载试验在气温平稳的时段进行是为了减少温度变化对试验结果造成的影响。

3.3.4 大、中雨及大雾天气不宜进行荷载试验。小雨天气进行荷载试验时，应做好仪器设备、加载物及传输线路的防雨措施。

3.3.5 在冲击、振动、强磁场等干扰测试效果的时段内不宜进行荷载试验。

3.3.6 荷载试验宜避开大浪、高湿度等恶劣环境。

条文说明

高温、强光、强风、大浪、高湿度等会影响试验的实施。通常避开极端天气，选择天气条件较平稳的时段进行试验。

3.4 计算原则

3.4.1 进行桥梁的交（竣）工验收荷载试验时，应依据竣工图文件建立计算模型，并根据试验对象的设计荷载等级确定试验控制荷载，按照相应设计规范的规定对结构的动力参数、控制截面内力、应力（应变）、变位等效应进行计算。对加固或改建后桥梁的交（竣）工验收荷载试验，计算时应考虑新旧结构的相互作用及二次受力的影响。

3.4.2 对本规程第3.1.2条规定的桥梁和以目标荷载为控制荷载的桥梁进行荷载试验时，应依据桥梁几何尺寸、材料特性及结构实际状况等实测参数建立计算模型，根据控制荷载进行分级，由低一级向高一级荷载加载试算，按相应的设计规范规定对结构的动力参数、控制截面内力、应力（应变）、变形等效应进行检算。当缺乏设计、施工等技术资料时，可参考同年代同类型桥梁设计（竣工）文件，由低一级向高一级荷载等级加载检算。

3.4.3 对异型桥梁进行计算分析时，宜考虑其空间力学效应。

3.4.4 分析桥梁结构动力特性时，宜采用空间模型进行计算。加固或改建后桥梁的动力分析宜考虑新旧材料、结构等的力学性能差异。

3.4.5 按等效原则拟定等效试验荷载时，可按最不利截面在目标荷载作用下的内力、应力（应变）、位移、裂缝等与拟试验荷载相应值的比较，按本规程第5.4.2条的规定确定，但不应使其他截面的相关结构反应超出规定范围。

4 测试设备与技术要求

4.1 一般规定

4.1.1 试验用测试设备的技术性能应符合相关标准的规定。试验用测试设备应按规定定期进行检定、校准。宜使用先进的测试设备。

条文说明

《检测和校准实验室能力的通用要求》（GB/T 27025—2008）第5.6.1条规定：用于检测和（或）校准的对检测、校准和抽样结果的准确性或有效性有显著影响的所有设备，包括辅助测量设备（例如用于测量环境条件的设备），在投入使用前应进行校准。对一些特别重要的试验，在试验前通常对仪器的主要指标进行专门的标定。

4.1.2 荷载试验前应对测试设备进行核查。

4.1.3 测试设备精度应不大于预计测量值的5%。

4.1.4 测试设备的量程和动态范围应满足试验要求。

条文说明

通常预计实测值处于测试设备量程的15%~85%。

4.1.5 同一次试验宜选用同种类型或规格的测试设备。

条文说明

选择同类型或同规格测试设备是为了减少测试环节，提高测试工作的可靠性和可操作性。

4.2 静力参数测试

4.2.1 试验测试的桥梁静力参数宜包括应变（应力）、变位、裂缝、倾角和索（杆）

力。试验过程中，应观察结构的反应现象。

4.2.2 应变（应力）测试应符合下列规定：
1 应测试拉、压应变（应力）和主应力。
2 应变（应力）测试设备应满足本规程附录 A 表 A.0.1 的技术要求。

条文说明

应变（应力）测试通常采用机械式、电阻式、振弦式或光纤光栅式应变计；测试用传感器包括引伸计、电阻应变计、振弦式应变计或光纤光栅式应变计。

引伸计是机械式应变测试设备。采用这种方法测量应变时，可以利用千分表 0.001mm 的读数精度，将其装配成测试结构应变的千分表引伸计。采用电阻应变计测量时，通常将电阻应变计粘贴在被测构件上，通过电阻应变测量装置，测得应变值。采用振弦式应变计测量时，通常预先标定"力—频率"关系曲线，再通过钢弦自振频率变化测得应变值。采用光纤光栅式应变计测量时，通常先标定光纤光栅周期或纤芯折射率与力或应变的变化关系，再通过光纤光栅周期或纤芯折射率的变化得到应变值。

电阻应变片的布置一般根据现场温度、湿度等条件选择贴片及防潮工艺，通常选用与观测应变部位相同的材料设补偿片。采用千分表观测结构表面应变时，通常使千分表轴线靠近结构表面，以减小测试误差。振弦式应变计通常在安装定位后量测仪器初值，并根据仪器编号和设计编号做好记录并存档。光纤光栅式应变计需与专用底座配套使用，采用特制的紧固螺钉将底座固定在结构表面，荷载试验结束后可以拆卸重复使用。

4.2.3 变位测试应符合下列规定：
1 应测试竖向变位（挠度）和水平变位，水平变位应测试纵向变位和横向变位。
2 变形测试可采用机械式或基于电（声、光）原理的测试仪器，也可采用卫星定位系统进行变位测试。变形测试设备应满足本规程附录 A 中表 A.0.2 的技术要求。

条文说明

机械式测试设备包括千分表、百分表、连通管和挠度计；电（声、光）测试设备包括电测变形计、水准仪、经纬仪、全站仪、测距仪和机电百（千）分表。

机械式测试设备是指各种用于非电量测试的仪表、器具或设备，这类设备需人工读取测值。电（声、光）测试设备可自动记录测值，其精度高、更新快、量程也比较大。当桥梁跨度超过 50m 时，通常采用连通管测量变形。利用卫星定位系统进行变形测量时，为了提高测量精度，通常采取以载波相位观测值为根据的实时差分技术。

4.2.4 裂缝测试应符合下列规定：
1 应针对结构承受拉力较大部位及原有裂缝较长、较宽部位进行。

2 宜测试荷载试验前结构上的既有裂缝和试验中出现的新裂缝。

3 裂缝长度、分布和走向可直接观测得到。裂缝宽度可采用刻度放大镜、裂缝计及裂缝宽度探测仪进行测量，也可在被测裂缝处安装固定装置进行观测。必要时，也可采用取芯法或其他无损方法测量裂缝的深度。裂缝测试设备应满足本规程附录A表A.0.3的技术要求。

4.2.5 倾角测试应符合下列规定：

1 宜测试水平倾角和竖向倾角。

2 倾角测试可采用水准式倾角仪、光纤光栅式倾角计、数显倾角仪或双轴倾角仪等各种类型的倾角仪。倾角测试设备应满足本规程附录A表A.0.4的技术要求。

4.2.6 索（杆）力测试应符合下列规定：

1 测量斜拉索、吊索（杆）、系杆力及主缆索力可采用本规程附录B的振动测量法。所用仪器与随机振动测试的仪器相同，应符合本规程附录C的要求。

2 索力测试传感器（拾振器）应绑扎在拉索上，宜远离锚固点，测量拉索的横向振动信号，并对其进行谱分析。当取拉索减振器安装前的长度进行分析时，应对索力计算公式进行修正。

3 索力测试温度宜与主梁合龙时温度一致，两者温差宜控制在±5℃范围内，否则应进行温度修正。

条文说明

桥梁索（杆）力包括斜拉桥的斜拉索索力、中下承式拱桥吊索（杆）力、系杆力、悬索桥主缆索力及吊索索力。测试桥梁的索力时，先估算不同拉索的振动频率，选择频响特性合适的拾振器，将其绑扎在拉索上，采用环境随机振动或人工激振法使拉索振动，测出拉索的横向振动频率，经分析计算得出索力。选择与主梁合龙时温度一致的时段进行索力测量，便于与合龙索力进行比较。

4.3 动力参数测试

4.3.1 应测试结构自振特性参数和动力响应值。试验过程中，应观察结构的反应现象。

条文说明

自振特性参数包括结构的自振频率（自振周期）、阻尼比和振型。桥梁动力响应一般指桥梁在特定动荷载作用下的动应力、动挠度、加速度、动力放大系数、冲击系数。

4.3.2 自振特性参数测试应符合下列规定：

1 应测试自振频率（自振周期）、阻尼比和振型。

2 测试自振特性参数的测试设备应包括测振传感器（拾振器）、放大器及记录仪等。测量时，应将测振传感器（拾振器）布设在被测结构理论振型的峰（谷）点、选择的固定参考点和各分界点上，用放大特性相同的多路放大器和记录特性相同的多路记录仪同时测记各测点的振动响应信号。桥梁自振特性测试设备应满足本规程附录 C 的技术要求。

条文说明

桥梁振型测量时，通常先分析理论振型，测点数目要足以连接成曲线，且测点尽可能布置在控制断面上。拾振器数量有限时，通常将一个拾振器放在参考点上始终不动，分批搬动其他拾振器得到所有测点。振型测量前把测振仪器系统放在参考点上标定，从而对标定以后的测振仪器系统（拾振器、导线，记录通道）进行变更。利用各通道的系统灵敏度，换算得到实测的幅值关系并归一化后，得到最大坐标值为 1 时的振型曲线。

4.3.3 动力响应测试应符合下列规定：

1 应测试动位移、动应变、动力放大系数和冲击系数。

2 动位移可采用位移传感器和测量放大器，或光电变形测量仪等进行测试；动应变可采用电阻应变计、动态应变仪或光纤光栅式应变计和调制解调器等进行测试；动力放大系数和冲击系数应由分析计算得出。桥梁动力响应测试设备应满足本规程附录 C 的技术要求。

3 动力响应的测点应布置在变位和应变较大的部位。

4 数据采集时，应保证所采集的信息波形不失真。

4.4 测试要求

4.4.1 测试设备安装完毕后，应进行系统调试，并进行不少于 15min 的稳定观测。

条文说明

测试设备安装完毕后通常进行检查，利用过往车辆或进行预加载来观察测试设备工作是否正常。一般在加载试验之前对各测点进行一段时间的稳定观测。观测结果用于衡量外界气候条件对测试结果的误差影响，或用于测点的温度影响修正。

4.4.2 应采取必要的措施对试验现场的测试设备进行安全保护。

条文说明

　　测试设备容易受到碰撞扰动的部位，通常设置保护设备、系保险绳或设置醒目的标志。野外条件下，温度、湿度影响比较大，采取防潮措施才能保证仪表正常工作。

4.4.3　试验过程中应对测试数据进行实时分析，发现异常现象应查明原因并采取措施。

4.4.4　试验结果可采用人工或计算机自动采集记录。采用人工读表时，测读应及时、准确，减小人为误差，并记录在专门的表格上。采用计算机自动采集系统读数记录时，应对控制点的测值进行监控。

条文说明

　　记录表格的信息一般包括测试设备的编号、加载分级次数与每次读数、异常情况记录、记录人及复核人等信息。

5 桥梁静载试验

5.1 一般规定

5.1.1 桥梁静载试验方案应在桥梁调查、检算的基础上制订。

条文说明

静载试验方案一般包括测试截面、试验工况、测试内容、试验荷载、测点布置、试验过程控制和试验数据分析等内容。

5.1.2 静载试验测试宜针对结构的内力、应力、位移和裂缝的控制截面进行。

5.1.3 静载试验工况应包括中载试验工况和偏载试验工况。对横向支撑不对称的直桥、斜弯桥、异型桥等，应通过计算确定试验工况的加载位置及偏载的方向。

条文说明

桥梁设计是由最不利工况控制的。最不利工况往往是偏载，偏载试验工况能够反映桥梁的实际内力及变形状态与设计状态的差异。考虑到桥梁运营荷载的随机性，为了反映一般情况下的桥梁受力特征，也要考虑中载试验工况。

5.2 试验工况及测试截面

5.2.1 桥梁静载试验应按桥梁结构的最不利受力原则和代表性原则确定试验工况及测试截面。

条文说明

测试截面选择时，通常根据桥梁结构的内力包络图，并考虑应力分布，按最不利受力原则选定截面，然后拟定相应的试验工况。

5.2.2 常见桥梁静载试验工况及测试截面宜按表5.2.2确定。其中，主要工况应为必做工况，附加工况可视具体情况由试验检测者确定是否进行。测试最大正弯矩产生的应变时，宜同时测试该截面的位移。

表 5.2.2　常见桥梁静载试验工况及测试截面

桥型	试验工况		测 试 截 面
简支梁桥	主要工况	跨中截面主梁最大正弯矩工况	跨中截面
	附加工况	①$L/4$ 截面主梁最大正弯矩工况； ②支点附近主梁最大剪力工况	①$L/4$ 截面； ②梁底距支点 $h/2$ 截面内侧向上 45°斜线与截面形心线相交位置
连续梁桥	主要工况	①主跨支点位置最大负弯矩工况； ②主跨跨中截面最大正弯矩工况； ③边跨主梁最大正弯矩工况	①主跨（中）支点截面； ②主跨最大弯矩截面； ③边跨最大弯矩截面
	附加工况	主跨（中）支点附近主梁最大剪力工况	计算确定具体截面位置
悬臂梁桥	主要工况	①墩顶支点截面最大负弯矩工况； ②锚固孔跨中最大正弯矩工况	①墩顶支点截面； ②锚固孔最大正弯矩截面
	附加工况	①墩顶支点截面最大剪力工况； ②挂孔跨中最大正弯矩工况； ③挂孔支点截面最大剪力工况； ④悬臂端最大挠度工况	①计算确定具体截面位置； ②挂孔跨中截面； ③挂孔梁底距支点 $h/2$ 截面向上 45°斜线与挂孔截面形心线相交位置； ④悬臂端截面
三铰拱桥	主要工况	①拱顶最大剪力工况； ②拱脚最大水平推力工况	①拱顶两侧 1/2 梁高截面； ②拱脚截面
	附加工况	①$L/4$ 截面最大正弯矩和最大负弯矩工况； ②$L/4$ 截面正负挠度绝对值之和最大工况	①主拱 $L/4$ 截面； ②主拱 $L/4$ 截面及 $3L/4$ 截面
两铰拱桥	主要工况	①拱顶最大正弯矩工况； ②拱脚最大水平推力工况	①拱顶截面； ②拱脚截面
	附加工况	①$L/4$ 截面最大正弯矩和最大负弯矩工况； ②$L/4$ 截面正负挠度绝对值之和最大工况	①主拱 $L/4$ 截面； ②主拱 $L/4$ 截面及 $3L/4$ 截面
无铰拱桥	主要工况	①拱顶最大正弯矩及挠度工况； ②拱脚最大负弯矩工况； ③系杆拱桥跨中附近吊杆（索）最大拉力工况	①拱顶截面； ②拱脚截面； ③典型吊杆（索）
	附加工况	①拱脚最大水平推力工况； ②$L/4$ 截面最大正弯矩和最大负弯矩工况； ③$L/4$ 截面正负挠度绝对值之和最大工况	①拱脚截面； ②主拱 $L/4$ 截面； ③主拱 $L/4$ 截面及 $3L/4$ 截面
门式刚架桥	主要工况	①跨中截面主梁最大正弯矩工况； ②锚固端最大或最小弯矩工况	①跨中截面； ②锚固端梁或立墙截面
	附加工况	锚固端截面最大剪力工况	锚固端梁截面
斜腿刚架桥	主要工况	①跨中截面主梁最大正弯矩工况； ②斜腿顶主梁截面最大负弯矩工况	①中跨最大正弯矩截面； ②斜腿顶中主梁截面或边主梁截面
	附加工况	①边跨主梁最大正弯矩工况； ②斜腿顶最大剪力工况； ③斜腿脚最大或最小弯矩工况	①边跨最大正弯矩截面； ②斜腿顶中或边主梁截面或斜腿顶截面； ③斜腿脚截面

续表 5.2.2

桥型	试验工况		测试截面
T形刚构桥	主要工况	①墩顶截面主梁最大负弯矩工况； ②挂孔跨中截面主梁最大正弯矩工况	①墩顶截面； ②挂孔跨中截面
T形刚构桥	附加工况	①墩顶支点附近主梁最大剪力工况； ②挂孔支点截面最大剪力工况	①计算确定具体截面位置； ②挂孔梁底距支点 $h/2$ 截面向上 45°斜线与挂孔截面形心线相交位置
连续刚构桥	主要工况	①主跨墩顶截面主梁最大负弯矩工况； ②主跨跨中截面主梁最大正弯矩及挠度工况； ③边跨主梁最大正弯矩及挠度工况	①主跨墩顶截面； ②主跨最大正弯矩截面； ③边跨最大正弯矩截面
连续刚构桥	附加工况	①墩顶截面最大剪力工况； ②墩顶纵桥向最大水平位移工况	①计算确定具体截面位置； ②墩顶截面
斜拉桥	主要工况	①主梁中孔跨中最大正弯矩及挠度工况； ②主梁墩顶最大负弯矩工况； ③主塔塔顶纵桥向最大水平位移与塔脚截面最大弯矩工况	①中跨最大正弯矩截面； ②墩顶截面； ③塔顶截面（位移）及塔脚最大弯矩截面
斜拉桥	附加工况	①中孔跨中附近拉索最大拉力工况； ②主梁最大纵向飘移工况	①典型拉索； ②加劲梁两端（水平位移）
悬索桥	主要工况	①加劲梁跨中最大正弯矩及挠度工况； ②加劲梁 $3L/8$ 截面最大正弯矩工况； ③主塔塔顶纵桥向最大水平位移与塔脚截面最大弯矩工况	①中跨最大弯矩截面； ②中跨 $3L/8$ 截面； ③塔顶截面（位移）及塔脚最大弯矩截面
悬索桥	附加工况	①主缆锚跨索股最大张力工况； ②加劲梁梁端最大纵向漂移工况； ③吊杆（索）活载张力最大增量工况； ④吊杆（索）张力最不利工况	①主缆锚固区典型索股； ②加劲梁两端（水平位移）； ③典型吊杆（索）； ④最不利吊杆（索）

注：L-桥梁计算跨径；h-主梁梁高。

5.2.3 在确定异型桥梁和其他组合体系桥梁试验工况时，应根据荷载情况和结构主要力学特征，经计算确定试验工况及相应的测试截面。

条文说明

异型桥梁和组合体系桥梁结构形式较多，测试截面及其相应的荷载工况通常结合理论计算成果和结构具体特征确定。计算时除考虑弯矩、剪力、轴力等最不利受力工况外，通常还要考虑扭矩及弯扭耦合等受力工况，并关注梁端支座反力的变化。

5.2.4 加固或改建后的桥梁应根据其最终结构体系受力特点，按最不利受力的原则，结合加固或改建的具体内容、范围及改造前病害严重程度选择测试截面，确定相应的试验工况。

5.2.5 当加固或改建后的桥梁有下列情况之一时，除按本规程第5.2.2条确定试验工况及测试截面外，尚应按下述原则增加试验工况和测试截面：

1 采用增大边梁截面法进行改造后的多梁式梁（板）桥，宜根据结构对称性增加横桥向的偏载工况。

2 采用置换混凝土进行改造的桥梁，宜在混凝土置换区域内增加测试截面，并确定相应的试验工况。

3 受力裂缝宽度超过设计规范限值且经过修补的结构构件，宜在典型裂缝位置增加测试截面，并确定相应的试验工况。

条文说明

采用置换混凝土或裂缝修补等技术后，为验证处置效果，了解新旧混凝土的协调变形能力及裂缝修补后的工作性能，在修补区域专门设置试验工况和测试截面。

5.2.6 加宽后桥梁试验工况和测试截面除应符合本规程第5.2.2条的规定外，尚应针对新旧结构分别设置试验工况和测试截面，并增设横向联系试验工况。

条文说明

桥梁加宽后，若新旧结构自身刚度或其边界支撑刚度存在较大差异，新旧结构的荷载横向分布及横向联系的内力会较加宽前发生明显变化，因此在静载试验中应进行针对性的局部试验。

5.2.7 对在用桥梁进行静载试验时，除应符合表5.2.2的规定外，尚应根据结构损伤的程度、部位及特征，结合计算分析成果，增加测试截面和试验工况。

5.3 测试内容

5.3.1 静载试验的测试内容应反映桥梁结构内力、应力（应变）、位移及裂缝最不利控制截面的力学特征，试验过程应关注可能出现的异常现象。

条文说明

应力（应变）观测主要是针对测试截面的受拉和受压区。通常沿截面高度或横向位置分布测点，以测试结构的应力分布特征。位移测试包括主梁控制截面的挠度、纵向或横向位移、主塔三维坐标等的测试，反映了桥梁结构整体或局部的刚度特性。当难以直接测试结构的位移时，也可通过测试其倾角来计算位移，并反映桥塔等结构的竖直度。试验荷载下的索（杆）力增量及其分布反映了结构的受力特点。通过观测结构裂缝变化、异常振动及响声等试验现象，可以帮助了解结构或构件在试验过程中的表观状况。

5.3.2 常见桥梁静载试验测试内容可按表5.3.2确定。

表5.3.2 常见桥梁静载试验测试内容

桥型		测 试 内 容
简支梁桥	主要内容	①跨中截面挠度和应力（应变）； ②支点沉降； ③混凝土梁体裂缝
	附加内容	①$L/4$截面挠度； ②支点斜截面应力（应变）
连续梁桥	主要内容	①主跨支点最大负弯矩截面应力（应变）； ②主跨最大正弯矩截面应力（应变）及挠度； ③边跨最大正弯矩截面应力（应变）及挠度； ④支点沉降； ⑤混凝土梁体裂缝
	附加内容	主跨（中）支点附近斜截面应力（应变）
悬臂梁桥	主要内容	①墩顶支点截面应力（应变）； ②锚固孔最大正弯矩截面应力（应变）及挠度； ③墩顶沉降； ④混凝土梁体裂缝
	附加内容	①墩顶附近斜截面应力（应变）； ②挂孔跨中截面应力（应变）及挠度； ③挂孔支点附近斜截面应力（应变）； ④悬臂跨最大挠度； ⑤牛腿部分局部应力（应变）
三铰拱桥	主要内容	①$L/4$截面挠度和应力（应变）； ②拱顶两侧1/2梁高处斜截面应力（应变）； ③墩台顶的水平位移； ④混凝土主拱圈裂缝
	附加内容	①$L/4$截面挠度和应力（应变）； ②拱上建筑控制截面的位移和应力（应变）
两铰拱桥	主要内容	①拱顶截面应力（应变）和挠度； ②$L/4$截面挠度和应力（应变）； ③墩台顶水平位移； ④混凝土主拱圈裂缝
	附加内容	①$L/4$截面挠度和应力（应变）； ②拱上建筑控制截面的位移和应力（应变）

续表 5.3.2

桥型	测试内容	
无铰拱桥	主要内容	①拱顶截面应力（应变）和挠度； ②拱脚截面应力（应变）； ③混凝土主拱圈裂缝
	附加内容	①$L/4$截面挠度和应力（应变）； ②墩台顶水平位移； ③拱上建筑控制截面的变形和应力（应变）
门式刚架桥	主要内容	①主梁最大正弯矩截面应力（应变）及挠度； ②锚固端最大或最小弯矩截面应力（应变）； ③支点沉降； ④混凝土梁体裂缝
	附加内容	锚固端附近斜截面应力（应变）
斜腿刚架桥	主要内容	①中跨主梁最大正弯矩截面应力（应变）及挠度； ②主梁最大负弯矩截面应力（应变）； ③支点沉降； ④混凝土梁体裂缝
	附加内容	①边跨主梁最大正弯矩截面应力（应变）及挠度； ②斜腿顶附近主梁或斜腿斜截面应力（应变）； ③斜腿脚最大或最小弯矩截面应力（应变）
T形刚构桥	主要内容	①墩顶支点截面应力（应变）； ②挂孔跨中截面应力（应变）； ③T构悬臂端的挠度； ④T构墩身控制截面的应力（应变）； ⑤混凝土梁体裂缝
	附加内容	①墩顶支点斜截面应力（应变）； ②挂梁支点截面附近或悬臂端附近斜截面应力（应变）
连续刚构桥	主要内容	①主跨墩顶截面主梁应力（应变）； ②主跨最大正弯矩截面应力（应变）及挠度； ③边跨最大正弯矩截面应力（应变）及挠度； ④混凝土梁体裂缝
	附加内容	①墩顶支点截面附近斜截面应力（应变）； ②墩身控制截面应力（应变）； ③墩顶纵桥向水平位移
斜拉桥	主要内容	①主梁中孔最大正弯矩截面应力（应变）及挠度； ②主梁墩顶支点斜截面应力（应变）； ③主塔塔顶纵桥向水平位移与塔脚截面应力（应变）； ④塔柱底截面应力（应变）； ⑤混凝土梁体裂缝； ⑥典型拉索索力
	附加内容	①斜拉索活载张力最大增量； ②加劲梁纵向漂移

续表 5.3.2

桥型	测试内容	
悬索桥	主要内容	①加劲梁最大正弯矩截面应力（应变）及挠度； ②主塔塔顶纵桥向最大水平位移与塔脚截面应力（应变）； ③塔、梁体混凝土裂缝； ④最不利吊杆（索）力增量
	附加内容	①主缆锚跨索股最大张力增量； ②加劲梁梁端最大纵向漂移； ③吊杆（索）活载张力最大增量

注：L-桥梁计算跨径。

5.3.3 对悬索桥、斜拉桥及高墩桥梁，应进行桥塔、墩的纵桥向位移测试。必要时，尚应进行主塔塔顶三维坐标测试。悬索桥、斜拉桥应进行加劲梁的竖向挠度测试，宜进行水平位移测试，加劲梁水平位移测点宜布置在梁端。悬索桥尚应进行主缆控制截面的三维坐标测试。

5.3.4 异型桥梁及组合体系桥梁试验测试内容，应根据结构的力学特征及计算成果，按本规程第5.2.2条及第5.3.2条的规定确定。

5.3.5 加固或改建后的桥梁除本规程第5.3.2条规定的测试内容外，宜增加下列测试内容：

1 粘贴板（片）材加固后的桥梁的典型结合面处，新旧结构各自的应力（应变）及新增材料的最大应力（应变）。
2 新增构件、置换构件后桥梁的典型新旧构件结合面处最大应力（应变）。
3 体外预应力法加固后桥梁的受弯构件体外预应力钢束的偏心距。
4 新、旧结构典型截面的结合面开裂或剥离情况。

条文说明

采用粘贴钢板（碳纤维板或布）、增大截面、新增构件或置换构件对桥梁结构进行加固后，新旧结构间的可靠黏结是保证二者共同受力的关键。新增构造与旧结构间由于龄期、材料等差异，会产生裂缝或发生剥离，其程度往往会随着外荷载的变化有所发展。通过静载试验手段测试新旧构件在同一位置的应力（应变）可以判断二者的协调变形和共同受力情况。

通过体外预应力改造后的桥梁，体外预应力的偏心距对结构本身的应力及其极限承载能力影响较大，合理控制体外预应力钢束在运营过程中的偏心距大小及其变化浮动范围是保证改造措施合理的因素之一。

5.3.6 对在用桥梁进行静载试验时,除应符合本规程第5.3.2条的规定外,尚应根据结构损伤的程度、部位及特征,结合试验目的增加测试内容。

5.3.7 在竖向挠度测试时,应同时测试支点的竖向变位,并按本规程第5.7.3条进行支点沉降修正。

5.4 试验荷载

5.4.1 静载试验应根据试验目的确定试验控制荷载。交(竣)工验收荷载试验,应以设计荷载作为控制荷载;否则,应以目标荷载作为控制荷载。

5.4.2 静载试验荷载效率 η_q,对交(竣)工验收荷载试验,宜介于0.85~1.05之间;否则,η_q 宜介于0.95~1.05之间。η_q 应按式(5.4.2)计算。

$$\eta_q = \frac{S_s}{S(1+\mu)} \quad (5.4.2)$$

式中:S_s——静载试验荷载作用下,某一加载试验项目对应的加载控制截面内力或位移的最大计算效应值;

S——控制荷载产生的同一加载控制截面内力或位移的最不利效应计算值;

μ——按规范取用的冲击系数值。

条文说明

荷载试验中实际采用的试验荷载与控制荷载往往不同,为保证试验效果,通常采用控制截面的静载试验荷载效率进行控制。整体式结构的控制截面为整体截面,多梁(肋)式结构的控制截面是受力最不利梁(肋)的控制截面。中小跨径桥梁多为多梁(肋)式结构,是针对单梁(肋)按照横向分布理论进行的设计,荷载试验通常以内力效应最大的梁(肋)为试验加载控制对象,兼顾其他梁的荷载效率不超限。

分析表明,对多梁(肋)式结构,当设计车道数大于或等于3、在横向按照车道数进行布载时,如果以0.85的荷载效率在整体截面上加载,则各单梁(肋)的荷载效率远达不到0.85;如果中梁(肋)以荷载效率0.85~1.05进行加载时,则其他梁(肋)不会超过1.05,如果边梁(肋)以荷载效率0.85~1.05进行加载时,则其他梁(肋)的荷载效率可能会超过1.05。

当温度变化对桥梁结构内力影响较大时,通常选择温度内力较不利的季节进行荷载试验,或者采用增大试验荷载效率的方法来弥补温度对结构控制截面产生的内力。

5.4.3 静载试验可采用车辆加载或加载物直接加载。采用车辆加载时,宜采用三轴载重车辆,装载的重物应稳妥置放。

条文说明

加载物加载准备工作量大，加卸载周期较长，交通中断时间亦较长。因此，通常采用车辆加载。

选用车辆加载时，装载的重物稳妥置放，以避免车辆行驶时因晃动而改变重物的位置，引起轴（轮）重的改变。选用加载物加载时，一般按照控制荷载的着地轮迹先搭设承载架，再在承载架上堆放重物或设置水箱进行加载。当仅为满足控制截面内力要求时，也可直接在桥面上堆放重物或设置水箱进行加载。

对20世纪90年代以后的国内货车几何尺寸及轴重分配比例的调查研究表明，四轴及以上车辆主要用于长途运输，数量较少，不宜作为试验用车。三轴及以下货车主要为地方车辆，用于运输沙石及土方。三轴车辆在各省（自治区、直辖市）数量众多，较为普及，且车辆轴距、轮距与设计荷载较为接近。虽然不同品牌的三轴车轴距及轴重分布也不尽相同，但其偏差对桥梁的加载效率影响可控制在10%以内，对荷载效率的确定影响不大。因此，本条推荐采用三轴车辆为试验加载车辆。

当设计荷载为汽车—超20级或公路—Ⅰ级时，采用两辆三轴车辆模拟55t重车是目前国内比较常见的做法。由于车型差异及荷载效率控制值的差异，通常根据车型及荷载效率适当调整两车之间的间距。

5.4.4 在进行大型特殊车辆荷载试验时，宜按实际轮位和轴重的模拟荷载或等效荷载进行。

5.4.5 试验前应对试验荷载进行标记、称重。采用加载车辆加载时，应详细记录各车编号、车重、轴重、轴距及轮重。采用加载物加载时，应根据加载分级情况，分别编号、称量、记录各级荷载量。

条文说明

采用车辆加载时，装载物通常采用外形规则的物体并整齐码放，或采用松散均匀材料在车厢内摊铺平整，将车辆逐轴开上称重台称重，或采用便携式轮重秤逐轮进行称重。

采用水箱或重物在桥面上堆放加载时，一般通过测量水箱或重物的体积与密度来换算其重量。当采用加载物分布在桥面上加载时，通常将重物化整为零称量后按逐级加载要求分堆放置，以便加载时取用。通常根据不同的加载方法和具体条件选用称重法或体积法等方法称量加载重量。

5.4.6 加载车辆单轴重量不应超过相关标准、规范的规定。必要时，应验算桥面板等局部构件的承载能力和裂缝宽度。

条文说明

本条主要是为了保证桥面板局部承载安全，保证桥梁不会发生局部加载破坏或严重开裂。

5.5 测点布置

5.5.1 应变测点的布置应遵循下列原则：

1 应变测点应根据测试截面及测试内容合理布置，并应能反映桥梁结构的受力特征。

2 单向应变测点布置应体现左右对称、上下兼顾、重点突出的原则，并应能充分反映截面高度方向的应变分布特征。单点应变花测点的布置不宜少于两组。测点布置完毕，应准确测量其位置。

3 常见截面的单向应变测点布置见表5.5.1-1。结构对称时，1/2横截面的应变测点可减少，但不宜少于2个。

表5.5.1-1 主要截面应变测点布置示意

构件名称	主要截面类型		应变测点布置示意	备 注
混凝土主梁	板式截面	整体式实心板		①板底面测点不宜少于5个，对称布置；②侧面测点不宜少于2个
		整体式空心板		①板底面测点不宜少于5个，对称布置；②侧面测点不宜少于2个；③腹板对应位置宜布置测点
		装配式空心板		①每片板底面测点不宜少于2个；②侧面测点不宜少于2个
	梁式截面	钢筋混凝土T梁		①每片梁底面测点为1~2个；②每片梁侧面测点不宜少于2个

续表 5.5.1-1

构件名称	主要截面类型	应变测点布置示意	备注
混凝土主梁	梁式截面 预应力混凝土T梁		①每片梁底面测点为 1~2 个; ②每片梁侧面测点不宜少于 2 个
	I 形梁		①每片梁底面测点为 1~2 个; ②每片梁侧面测点不宜少于 2 个
	π 形梁		①每片梁底面测点为 1~2 个; ②每片梁侧面测点不宜少于 2 个
	分离式箱梁		①每片梁底面测点不宜少于 2 个; ②单腹板侧面测点不宜少于 2 个
	整体式箱梁	内侧布置　　外侧布置	①在箱室内布置测点时,每箱室顶、底板不宜少于 3 个; ②单肋侧面测点不宜少于 2 个; ③当箱梁未预留检修孔时,测点布置于箱梁外侧
钢箱梁及钢混组合梁	钢箱梁		①每箱室顶、底板测点不宜少于 3 个,边测点应贴近腹板布置; ②每腹板测点不宜少于 3 个; ③加劲肋有选择地进行测点布置

续表 5.5.1-1

构件名称	主要截面类型	应变测点布置示意	备 注
钢箱梁及钢混组合梁	钢混组合梁 π形梁		①单纵梁顶、底板测点不宜少于2个；②单纵梁侧面测点不宜少于3个；③混凝土下缘测点不宜少于5个，对称布置
	I形梁		①顶、底面测点不宜少于2个；②单侧面测点不宜少于3个
拱肋	钢筋混凝土 矩形		①顶、底面测点不宜少于2个；②单侧面测点不宜少于3个
	箱形		①顶、底面测点不宜少于2个；②单侧面测点不宜少于3个
	钢管混凝土 单肢		不宜少于4个，对称布置
	双肢		单肢不宜少于5个，钢管与缀板连接处宜布置测点，并准确测量其几何中心

续表 5.5.1-1

构件名称	主要截面类型		应变测点布置示意	备注
拱肋	钢管混凝土	四肢		单肢不宜少于 5 个，钢管与缀板连接处宜布置测点，并准确测量其几何中心
	整体式板（箱）	整体式板		①顶、底面测点不宜少于 5 个，对称布置； ②单侧面测点不宜少于 2 个
		整体式箱		①顶、底面测点不宜少于 5 个，对称布置； ②侧面测点不宜少于 2 个； ③腹板对应位置应布置测点； ④当箱内布置测点时，同整体式箱梁
桥墩	圆形			不宜少于 4 个，对称布置
	矩形			①横桥向每侧不宜少于 3 个； ②纵桥向每侧不宜少于 2 个
	箱形			①横桥向每侧不宜少于 3 个； ②纵桥向每侧不宜少于 3 个

续表 5.5.1-1

构件名称	主要截面类型	应变测点布置示意	备 注
盖梁	矩形		①底板测点不宜少于3个； ②单侧面测点不宜少于3个

4 弯桥、斜桥及异型桥应根据控制荷载作用下结构的内力（应力）特征及结构特征确定应变测点。

5 钢筋混凝土结构的受拉区应变测点宜布置在受拉区主钢筋上。

6 主应变（应力）应采用应变花进行测试，其测点布置见表 5.5.1-2。

7 应变测试应设置补偿片，补偿片位置应处于与结构相同材质、相同环境的非受力部位。

表 5.5.1-2 应变花测点布置示意

构件名称	主要测试内容	应变测点布置示意	测试位置
主梁	近支点附近主应力		支点向桥跨方向1/2梁高处沿45°方向与主梁梁高中心线相交位置不宜少于3个应变花；其余构件主应力测试位置应经计算确定

条文说明

通常采用单向应变计（片）测试正应变（应力），采用应变花测试主应变（应力）。测试单向应变时，根据测试构件形状特点沿宽度及高度方向布置的应变测点可以反映应变沿构件截面的横向和高度方向的变化特征；腹（肋）板应变测点能够反映截面高度方向应变分布规律，顶缘应变测点布置于腹（肋）板最上缘。

测试截面确定后，应变测点的布置与截面形状关系密切。对于常见的受弯构件，主要针对最大受压及受拉区进行测试，至少要保证顶、底板应变测点的有效性。为了反映应变沿高度方向的变化规律，一般沿构件腹板或肋板的高度方向分布应变测点。

主梁外侧顶板通常不具备测点布置条件。此时，可以尽量贴近顶板或上翼缘板布置侧面顶缘应变测点，避免将测点布置在中性轴附近。

一般不在实腹式拱桥或空腹式拱桥跨中实腹段的拱肋上缘布置应变测点。

钢筋混凝土受弯构件承载时，当受拉区混凝土开裂时，混凝土应变测试结果会失真，钢筋应变测试结果较为可靠。测试时，通常局部凿除受拉区混凝土保护层，露出钢筋并布置钢筋应变片（计）进行测试，测试结束后及时修复混凝土保护层。

5.5.2 位移测点布置应遵循下列原则：

1 位移测点的测值应能反映结构的最大变位及其变化规律。

2 主梁竖向位移的纵桥向测点宜布置在各工况荷载作用下挠度曲线的峰值位置。

3 竖向位移测点的横向布置应充分反映桥梁横向挠度分布特征，整体式截面不宜少于3个，多梁式（分离式）截面宜逐片梁布置。常见主梁竖向位移测点的横向布置见表5.5.2。

表5.5.2 主梁竖向位移测点横向布置示意

构件名称	主要截面类型		位移测点布置示意	备 注
混凝土主梁	板式截面	整体式实心板		横桥向底面或桥面不宜少于3个
		整体式空心板		横桥向底面或桥面不宜少于3个
		装配式空心板		每片板底面不宜少于1个或桥面不宜少于3个
	梁式截面	钢筋混凝土T梁		每片梁底面不宜少于1个或桥面不宜少于3个
		预应力钢筋混凝土T梁		每片梁底面不宜少于1个或桥面不宜少于3个
		I形梁		每片梁底面不宜少于1个或桥面不宜少于3个

续表 5.5.2

构件名称	主要截面类型	位移测点布置示意	备 注
混凝土主梁	梁式截面 π形梁		每片梁底面不宜少于1个或桥面不宜少于3个
	分离式箱梁		每片梁底面不宜少于1~2个或桥面不宜少于3个
	整体式箱梁		横桥向梁底面不宜少于3个或桥面不宜少于3个
钢箱梁及钢混组合梁	钢箱梁		横桥向梁底面不宜少于5个或桥面不宜少于3个
	钢混组合梁		每片纵梁底面不宜少于1个或桥面不宜少于3个

4　主梁水平位移测点应根据计算布置在相应的最大位移处。
5　墩塔的水平位移测点应布置在顶部，并根据需要设置纵、横向测点。
6　支点沉降的测点宜靠近支座处布置。

条文说明

进行挠度测试时，挠度测点通常布置于梁（杆、肋或主拱圈）底面，条件不具备时布置在桥面。

当测试主梁、主拱、加劲梁、主缆等的挠度曲线时，通常在最大、最小挠度控制截面之间内插若干挠度测试截面。

5.5.3 荷载试验测试时，宜采用桥梁施工控制的有效测点。

条文说明

采用施工控制的有效测点可以节约成本，也便于与施工控制的测试结果进行对比分析。

5.5.4 裂缝测点应布置在开裂明显、宽度较大的部位。

5.5.5 倾角测点宜根据需要布置在转动明显、角度较大的部位。

5.6 试验过程控制及记录

5.6.1 正式加载之前应进行预加载。

条文说明

一般采用分级加载的第一级荷载或单辆试验车作为预加载。

5.6.2 试验荷载应分级施加，加载级数应根据试验荷载总量和荷载分级增量确定，可分成3~5级。当桥梁的技术资料不全时，应增加分级。重点测试桥梁在荷载作用下的响应规律时，可加密加载分级。

5.6.3 加卸载过程中，应保证非控制截面内力或位移不超过控制荷载作用下的最不利值。

5.6.4 当试验条件限制时，附加工况的控制截面可只进行最不利加载。

5.6.5 试验加载过程中，应记录结构出现的异常响动、失稳、扭曲、晃动等异常现象，并采取相应处理措施。

5.6.6 加载时间间隔应满足结构反应稳定的时间要求。应在前一级荷载阶段内结构反应相对稳定、进行了有效测试及记录后方可进行下一级荷载试验。当进行主要控制截面最大内力（变形）加载试验时，分级加载的稳定时间不应少于5min；对尚未投入运营的新桥，首个工况的分级加载稳定时间不宜少于15min。

条文说明

加卸载稳定时间取决于结构变形达到稳定所需的时间。同一级荷载内，结构最大变形测点在最后5min内的变形增量小于第一个5min变形增量的15%,或小于测量仪器的最小分辨值时,通常认为结构变形达到相对稳定。

若因连接较弱或变形缓慢而造成测点观测值稳定时间较长,如结构的实测变形(或应变)值远小于计算值,一般适当延长加载稳定时间。

5.6.7 应根据各工况的加载分级,对各加卸载过程结构控制点的应变(或变形)、薄弱部位的破损情况等进行观测与分析,并与理论计算值对比。当试验过程中发生下列情况之一时,应停止加载,查清原因,采取措施后再确定是否进行试验:
1 控制测点应变值已达到或超过计算值。
2 控制测点变形(或挠度)超过计算值。
3 结构裂缝的长度、宽度或数量明显增加。
4 实测变形分布规律异常。
5 桥体发出异常响声或发生其他异常情况。
6 斜拉索或吊索(杆)索力增量实测值超过计算值。

5.6.8 观测与记录应符合下列规定:
1 加载试验之前应对测试系统进行不少于15min的测试数据稳定性观测。
2 应做好测试时间、环境气温、工况等记录。宜采用自动记录系统并对关键点进行实时监控。当采用人工读数记录时,读数应及时、准确,并记录在专用表格上。
3 试验前应对既有裂缝的长度、宽度、分布及走向进行观测、记录,并将其标注在结构上;试验时应观测新裂缝的长度、宽度及既有裂缝发展状况,并描绘出结构表面裂缝分布及走向,并专门记录,记录图表可采用本规程附录D的格式。

条文说明

1 环境温度变化对超静定结构内力有一定影响。当测试周期较长时,温度变化等引起的结构内力和变形就会对测试结果产生影响。因此需要进行稳定性观测,以便对观测成果进行修正。
2 采用自动记录系统有利于提高采集效率和精度。
3 裂缝观测的重点是结构承受拉力较大部位及原有裂缝较长、较宽的部位。裂缝记录通常包括裂缝长度、宽度、走向及相应的荷载工况。

5.7 试验数据分析

5.7.1 试验数据分析时,应根据温度变化、支点沉降及仪表标定结果的影响对测试数据进行修正。当影响小于1%时,可不修正。

5.7.2 温度影响修正可按式（5.7.2）进行计算。
$$\Delta S_t = \Delta S - \Delta t K_t \tag{5.7.2}$$
式中：ΔS_t——温度修正后的测点加载测值变化量；

ΔS——温度修正前的测点加载测值变化量；

Δt——相应于 ΔS 观测时间段内的温度变化量（℃）；对应变宜采用构件表面温度，对挠度宜采用气温；

K_t——空载时温度上升1℃时测点测值变化量；如测值变化与温度变化关系较明显时，可采用多次观测的平均值，$K_t = \dfrac{\Delta S_1}{\Delta t_1}$；

ΔS_1——空载时某一时间区段内测点测值变化量；

Δt_1——相应于 ΔS_1 同一时间区段内温度变化量。

条文说明

被测构件表面温度与内部温度的差异、贴片位置与非贴片位置的温差、局部贴片与整体贴片间的温差、贴片与补偿片间的温差等，构成了温度影响的复杂性。通常采取缩短加载时间，选择温度变化较稳定的时间段进行试验等办法，尽量减小温度对测试精度的影响。必要时，可利用加载试验前进行的温度稳定性观测数据，建立温度变化和测点测值变化的关系曲线进行温度修正。

5.7.3 当支点有沉降发生时，支点沉降修正量可按式（5.7.3）计算。
$$C = \frac{l-x}{l} \cdot a + \frac{x}{l} \cdot b \tag{5.7.3}$$
式中：C——测点的支点沉降修正量；

l——A支点到B支点的距离；

x——挠度测点到A支点的距离；

a——A支点沉降量；

b——B支点沉降量。

5.7.4 测点位移或应变可按式（5.7.4-1）~式（5.7.4-3）计算。
$$S_t = S_l - S_i \tag{5.7.4-1}$$
$$S_e = S_l - S_u \tag{5.7.4-2}$$
$$S_p = S_t - S_e = S_u - S_i \tag{5.7.4-3}$$
式中：S_t——试验荷载作用下测量的结构总位移（或总应变）值；

S_e——试验荷载作用下测量的结构弹性位移（或应变）值；

S_p——试验荷载作用下测量的结构残余位移（或应变）值；

S_i——加载前的测值；

S_l——加载达到稳定时的测值；

S_u——卸载后达到稳定时的测值。

5.7.5 测点的相对残余位移（或应变）可按式（5.7.5）计算。

$$\Delta S_p = \frac{S_p}{S_t} \times 100\% \tag{5.7.5}$$

式中：ΔS_p——相对残余位移（或应变）；
S_p、S_t——意义同前。

5.7.6 测点校验系数应符合下列规定：
1 测点校验系数应按式（5.7.6-1）计算。

$$\eta = \frac{S_e}{S_s} \tag{5.7.6-1}$$

式中：η——校验系数；
S_e——同式（5.7.4-2）；
S_s——同式（5.4.2）。

2 当结构处于线弹性工作状态时，应根据量测到的测点应变，利用虎克定律计算测点的应力。

3 应采用实测位移（或应变）最大值 S_{emax} 与横向各测点实测位移（或应变）平均值 $\overline{S_e}$，按式（5.7.6-2）计算实测横向增大系数。

$$\xi = \frac{S_{emax}}{\overline{S_e}} \tag{5.7.6-2}$$

式中：ξ——横向增大系数。

条文说明

根据《大跨径混凝土桥梁的试验方法》专题研究成果（1982年），在进行 S_e 与 S_s 比较时，S_e 采用实测最大值，S_s 采用空间理论分析的相应最大值，对于平面计算，通常采用考虑横向增大系数 ξ 的计算值。对于整体式截面，也可采用实测的横截面平均值与计算值比较。横向增大系数采用实测值，无实测值时采用理论计算值。

结构试验效率满足以下条件时，结构受力状况良好：

（1）量测的弹性变形或应变值 S_e 与试验荷载作用下的理论计算值 S_s 的比值符合式（5-1）：

$$\beta < \frac{S_e}{S_s} \leq \alpha \tag{5-1}$$

式中：α、β——参见表5-1。

表 5-1　α_l、α、β 值表

承重结构	β	α					α_l
		$\eta_q \leq 1.0$	$\eta_q = 1.1$	$\eta_q = 1.2$	$\eta_q = 1.3$	$\eta_q \geq 1.4$	
预应力混凝土与组合结构	0.7	1.05	1.07	1.10	1.12	1.15	0.20
钢筋混凝土与圬工结构	0.6	1.10	1.12	1.15	1.17	1.20	0.25

注：η_q 为中间数值时，α 值可直线内插。

当 $S_e/S_t < \beta$ 时，通常查明结构弹性工作效率偏低的原因，重新检查结构的尺寸、材料性能、静力计算图式、荷载效率、荷载称量和量测仪器等，排除原因后再试验一次。

(2) 量测的残余变形值 S_p 与量测的总变形 S_t 的比值 ΔS_p：

第一次试验要求：

$$\Delta S'_p \leq \alpha_l \tag{5-2}$$

式中：α_l——可参考表 5-1 所列值。

若试验结果不满足，且为

$$\alpha_l < \Delta S'_p \leq 2\alpha_l \tag{5-3}$$

通常进行第二次重复试验。

第二次试验要求：

$$\Delta S''_p \leq 0.5\alpha_l \tag{5-4}$$

若试验结果仍不满足，即 $\Delta S''_p > 0.5\alpha_l$，通常进行第三次重复试验。

第三次试验要求：

$$\Delta S'''_p \leq \frac{1}{6}\alpha_l \tag{5-5}$$

如果第三次试验结果满足上述要求，为了确定结构的可靠性，通常还进行动载试验。

如果试验中采用逐级递增的循环加载方式，表 5-1 所列 α_l 值乘以 1.33 取用。

主要测点在控制荷载工况下的横向增大系数 ξ 反映了桥梁结构荷载不均匀分布程度。ξ 值越小，说明荷载横向分布越均匀，横向联系构造越可靠；ξ 值越大，说明荷载横向分布越不均匀，横向联系构造越薄弱。

5.7.7 试验曲线的绘制应包括下列主要内容：

1 列出各加载工况下主要测点实测位移（或应变）与相应的理论计算值的对照表，并绘制出其关系曲线。

2 绘制各加载工况下主要控制点的位移（或应变等）与荷载或荷载效率的关系曲线。

3 绘制各加载工况下控制截面位移（或应变）分布图、沿纵（横）桥向挠度图、截面应变沿高度（宽度）分布图等。

条文说明

试验曲线能直观地反映试验结果。一般通过试验曲线来表示实测应变和理论计算值的比较情况、主要控制点的变形（应变）与荷载的历程曲线、挠度及应变分布情况。通过这些曲线能够对试验结果进行评价，判断异常点、结构工作状态、应变（变形）分布是否符合一般规律等。

5.7.8 试验结果分析应包括下列主要内容：

1 校验系数 η 应包括应变（或应力）校验系数及挠度校验系数，其值应按式（5.7.6-1）计算。常见桥梁结构试验的应变（或应力）、挠度校验系数应符合表5.7.8所示的常值范围。

表5.7.8 常见桥梁结构试验校验系数常值表

桥梁类型	应变（或应力）校验系数	挠度校验系数
钢筋混凝土板桥	0.20~0.40	0.20~0.50
钢筋混凝土梁桥	0.40~0.80	0.50~0.90
预应力混凝土桥	0.60~0.90	0.70~1.00
圬工拱桥	0.70~1.00	0.80~1.00
钢筋混凝土拱桥	0.50~0.90	0.50~1.00
钢桥	0.75~1.00	0.75~1.00

2 处于线弹性工作状况的结构，测点实测位移（或应变）与其理论值应呈线性关系。

3 对常规结构，实测的结构或构件主要控制截面应变沿高度分布应符合平截面假定。

4 主要控制测点的相对残余变形（或应变）ΔS_p 越小，说明结构越接近弹性工作状况。ΔS_p 不宜大于20%。当 ΔS_p 大于20%时，表明桥梁结构的弹性状态不佳，应分析原因，必要时再次进行荷载试验加以确定。

5 试验荷载作用下新桥裂缝宽度不应超过《公路钢筋混凝土及预应力混凝土桥涵设计规范》（JTG D62—2004）规定的容许值，卸载后其扩展宽度应闭合到容许值的1/3；在用桥梁的裂缝宽度不宜超过《公路桥梁承载能力检测评定规程》（JTG/T J21—2011）的规定。

6 超过本条第5款规定时，应结合校验系数的计算结果，分析原因，采取措施。

条文说明

除钢筋混凝土拱桥和钢桥外，表5.7.8中其余桥型的校验系数均来自《公路旧桥承载能力鉴定方法（试行）》。根据对国内65座钢筋混凝土拱桥的静载试验校验系数的统计分析，本规程给出了建议。对于钢结构桥梁，试验及研究表明，由于其结构变异性较小，理论计算值与试验值往往吻合较好，校验系数的区间较小。根据近几年桥梁荷载试验校验系数的应用经验，表 5.7.8 可以用于在用桥梁和新建桥梁。

同类桥型校验系数越小，结构的安全储备越大。校验系数过大或过小应从多方面分析原因。过大可能因为组成结构的材料强度或弹性模量较低，结构各部分连接性能较差，刚度较低等；过小可能因为材料的强度或弹性模量较高，桥面铺装及人行道等与主梁（肋）共同受力，拱上建筑与拱圈共同作用，计算理论或简化图式的影响等。试验时加载物的称量误差、仪表的观测误差等也对校验系数有一定影响。一般来说，新建桥梁的校验系数较小，旧桥的校验系数较大。校验系数超出常值范围时，通常结合动载试验成果进行综合分析判断。

对于常规结构，实测的结构或构件主要控制截面应变沿梁高分布符合平截面假定，实测的控制点变形或应变与荷载的关系曲线接近于直线，说明桥梁结构或构件处于弹性工作状况。

6 桥梁动载试验

6.1 一般规定

6.1.1 桥梁动载试验应测试桥跨结构的自振频率和冲击系数。存在下列情形之一时，动载试验应增加测试桥跨结构的振型和阻尼比；必要时，尚应测试桥梁结构的动挠度和动应变，并掌握车辆振源特性：

1 单跨跨径超过80m的梁桥、T形刚构桥、连续刚构桥和单跨跨径超过60m的拱桥、斜拉桥、悬索桥及其他组合结构桥梁。
2 存在异常振动的桥梁。
3 仅依据静载试验不能系统评价结构性能时。

6.1.2 对多联（孔）桥梁，同时开展静、动载试验时，动载试验桥联（孔）应选择与静载试验相同的桥联（孔）；其他情况下应根据结构评价需要，选择具有代表性的桥联（孔）。

条文说明

进行多联（孔）桥梁动载试验时，选择的联（孔）在结构形式上体现代表性原则，在结构技术状况和结构受力上体现最不利原则。

6.1.3 动载试验采用的加载车辆应性能良好，无异常振动。

6.2 试验工况及测试截面

6.2.1 桥梁动载试验工况应根据具体的测试参数和采用的激振方法确定。

6.2.2 激振方法可根据结构特点、测试的精度要求、方便性及现场实际情况确定，宜采用环境随机激振法、行车激振法和跳车激振法，也可采用起振机激振法或其他激振方法。

条文说明

环境随机激振法（脉动法），是指在桥面无任何交通荷载以及桥址附近无规则振源的情况下，通过测定桥梁由风荷载、地脉动、水流等随机激励引起的微幅振动来识别结构自振特性参数的方法。该方法需对采集的长样本信号进行能量平均，以便消除随机因素的影响。对悬索桥、斜拉桥等自振频率较低的桥型，为保证频率分辨率和提高信噪比，采集时间一般不小于30min。对小跨径桥梁，采集时间可以酌情减少。环境激振法更适合大跨柔性桥梁。

行车激振法，是利用车辆驶离桥面后引起的桥梁结构余振信号来识别结构自振特性参数，对小阻尼桥梁效果较好。为提高信噪比，获取尽可能大的余振信号，可采用不同的车速进行多次试验，或在桥跨特征截面设置弓形障碍物进行激振（有障碍行车激振）。通常结合行车动力响应试验统筹考虑获取余振信号。

跳车激振法，是通过让单辆载重汽车的后轮在指定位置从三角形垫块上突然下落对桥梁产生冲击作用，激起桥梁的振动。该方法更适用于其他方法不易激振的、刚度较大的桥梁，如石拱桥、小跨径梁式桥等。

梁式桥采用跳车激振法时，一般进行车辆自重附加质量影响的修正。研究表明，对跨径小于20m的简支梁桥，车辆自重的影响是不可忽略的。

起振机激振法，是指利用起振机采用可控的定点正弦激励或正弦扫描激励使结构产生稳态振动。该方法测试精度高，但需要较为庞大的起振机设备，运输不方便，同时安装起振机对桥面将产生一定的损伤。在需要高精度识别桥梁结构动力特性时，可以采用此方法。

6.2.3 测试截面及测点布置应符合下列规定：

1 桥梁动载试验的测试截面应根据桥梁结构振型特征和行车动力响应最大的原则确定。一般可根据桥梁结构规模按跨径8等分或16等分简化布置。桥塔或高墩，宜按高度分3~4个节段分段布置。

2 对常见的简支梁桥及连续梁桥，根据具体情况可参照表6.2.3-1~表6.2.3-3选择测试截面。

3 大型桥梁振型测试可将结构分成几个单元分别测试，整个试验布置一固定参考点（应避开振型节点），每次测试都应包括固定参考点。将几个单元的测试数据通过参考点关联，拟合得到全桥结构振型图。

4 在测试桥梁结构行车响应时，应选择桥梁结构振动响应幅值最大部位为测试截面。简单结构宜选择跨中1个测试截面，复杂结构应增加测试截面。

5 用于冲击效应分析的动挠度测点每个截面应至少1个。采用动应变评价冲击效应时，每个截面在结构最大活载效应部位的测点数不宜少于2个。

表6.2.3-1 简支梁桥前5阶模态的传感器布置方案

模态阶数	至少需要传感器数	测点布设位置
1	1	$L/2$
2	2	$L/4, 3L/4$
3	3	$L/6, L/2, 5L/6$

续表 6.2.3-1

模态阶数	至少需要传感器数	测点布设位置
4	4	$L/8$, $3L/8$, $5L/8$, $7L/8$
5	5	$L/10$, $3L/10$, $L/2$, $7L/10$, $9L/10$

注：L-简支梁桥的计算跨径。

表 6.2.3-2 两等跨连续梁前 4 阶模态的传感器布置方案

模态阶数	至少需要传感器数	测点布设位置
1	2	$L/4$, $3L/4$
2	4	$L/8$, $3L/8$, $5L/8$, $7L/8$
3	6	$L/12$, $L/4$, $5L/12$, $7L/12$, $3L/4$, $11L/12$
4	8	$L/16$, $3L/16$, $5L/16$, $7L/16$, $9L/16$, $11L/16$, $13L/16$, $15L/16$

注：L-桥梁跨径总长。

表 6.2.3-3 三等跨连续梁前 3 阶模态的传感器布置方案

模态阶数	至少需要传感器数	测点布设位置
1	3	$L/6$, $L/2$, $5L/6$
2	6	$L/12$, $L/4$, $5L/12$, $7L/12$, $3L/4$, $11L/12$
3	9	$L/18$, $L/6$、$5L/18$, $7L/18$, $L/2$, $11L/18$, $13L/18$, $5L/6$, $17L/18$

注：L-桥梁跨径总长。

6.2.4 动力响应试验工况应包括下列主要内容：

1 无障碍行车试验：宜在 5～80km/h 范围内取多个大致均匀分布的车速进行行车试验。车速在桥联（孔）上宜保持恒定，每个车速工况应进行 2～3 次重复试验。

2 有障碍行车试验：可设置如图 6.2.4 所示的弓形障碍物模拟桥面坑洼进行行车试验，车速宜取 5～20km/h，障碍物宜布置在结构冲击效应显著部位。

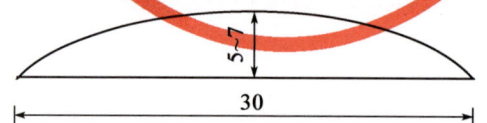

图 6.2.4 弓形障碍物横断面示意图（尺寸单位：cm）

3 制动试验：车速宜取 30～50km/h，制动部位应为动态效应较大的位置。对漂浮体系桥梁，应测试主梁纵向位移等项目。

条文说明

根据测试需要，加载车辆可以是单辆，也可以是两辆或多辆车。两辆或多辆车加载时，通常要注意车辆间的配合。

桥面无障碍行车试验的车速根据设计车速、路幅宽度、桥面线形、路况等因素综合考虑，采用测速仪或由实测时程信号在特征部位的起讫时间确定实际车速。在保证安全的情况下，通常取较大的车速范围。冲击系数是与桥面平整度、车—桥耦合振动等相关的随机变量，单次试验的随机性较大，影响评价的客观性，因此每个车速工况通常进行2~3次重复试验。

6.2.5 宜首选无障碍行车试验，有障碍行车试验和制动试验可根据实际情况选择。

6.3 测试内容

6.3.1 桥梁自振特性试验应包括竖平面内弯曲、横向弯曲自振特性以及扭转自振特性的测试。应根据试验目的和需要确定测试纵桥向竖平面内弯曲自振特性。桥梁的测试阶次应不少于表 6.3.1 的规定。

表 6.3.1 桥梁的测试阶次表

桥型	简支梁桥	非简支梁桥、拱桥	斜拉桥、悬索桥
测试阶次	1 阶	3 阶	9 阶

6.3.2 动力响应测试应包括动挠度、动应变、振动加速度、速度及冲击系数。

条文说明

桥梁动挠度测试难度较大时，一般仅测试动应变以获得应变冲击系数。

6.4 试验荷载

6.4.1 无障碍行车试验可采用与静载试验的加载车辆相同的载重车辆，车辆轴重产生的局部效应不应超过车辆荷载效应，避免对横系梁、桥面板等局部构件造成损伤。

6.4.2 无障碍行车试验荷载效率可按式（6.4.2）计算，η_d 宜取高值，但不应超过1。

$$\eta_d = \frac{S_d}{S_{l\max}} \quad (6.4.2)$$

式中：η_d——动载试验荷载效率；

S_d——动载试验荷载作用下控制截面的最大内力或变形；

$S_{l\max}$——控制荷载作用下控制截面的最大内力或变形（不计冲击）。

6.4.3 单辆车的动载试验响应偏低时，无障碍行车试验宜每个车道布置一辆试验车，横向并列一排同步行驶，在行驶过程中宜保持车辆的横向间距不变。

条文说明

对于大型桥梁，单辆车的荷载效率可能偏低，通常采用多辆车横向并列一排同步行驶进行行车试验。为保证试验的安全性，在纵桥向一般不安排车队。在实际操作中，为保证试验安全，荷载效率可酌情降低。

对于装配式结构，在保证试验安全的情况下，动挠度测试通常按照车辆行驶的轨迹线进行，必要时在桥面绘制行车线路标志。

6.4.4 有障碍行车试验和制动试验可采用与无障碍行车试验相同的单辆或多辆载重车。

6.5 试验过程控制及记录

6.5.1 试验过程控制应包括下列内容：

1 正式试验前应进行预加载试验，对测试系统进行稳定性检查。桥梁空载状态下，动应变、动挠度信号在预定采集时间内的零点漂移不宜超过预计最大值的5%。

2 宜根据预加载试验具体情况对试验方案或测试设备参数设置做调整。按照调整确定的试验方案与试验程序进行加载试验，观测并记录各测试参数，并采取措施避免电磁场以及对讲机、手机等对测试结果的影响。

3 正式试验过程中，应根据观测和测试结果，实时判断结构状态是否正常，测试数据是否异常，是否需要终止试验，确保试验安全。各工况试验完成后，应对测试数据进行检查和确认。如发现幅值异常或突变、零点严重偏离、异常电磁干扰、噪声过大等，应在排除故障后重新进行试验。

4 应保证记录的试验荷载参数，传感器规格、灵敏度、编号、连接通道号、适配器、采集器采样频率、滤波频率、换算系数等信息的完整性。

5 全部试验完成后，应在现场对主要的测试数据进行检查和初步分析，确保测试数据的准确性和完整性。

条文说明

桥梁动态测试设备属弱电设备，设备需要远离电磁干扰源，因此要采取屏蔽措施。在仪器附近使用对讲机、手机等通信设备可能会产生意想不到的干扰，试验前通常进行必要验证，以控制此类干扰。

6.5.2 动载试验测试系统的性能应满足试验对量程、精度、分辨率、稳定性、幅频特性、相频特性的要求。传感器安装应与主体结构保持良好接触，无相对振动。

6.5.3 用于冲击系数计算分析的动挠度、动应变信号的幅值分辨率不应大于最大实测幅值的1%。

条文说明

对行车试验的动挠度、动应变信号进行采集和处理时，若幅值分辨率太低，结构动态增量、冲击系数分析结果就会产生较大误差。当幅值分辨率为实测时程曲线最大幅值的 1% 时，并假定冲击系数为 0.10，则幅值分辨率这一因素产生的冲击系数测试误差不超过 5%。

6.5.4 进行数据采集和频谱分析时，应合理设置采样、分析参数，频率分辨率不宜大于实测自振频率的 1%。

6.5.5 采样频率宜取 10 倍以上的最高有用信号频率。信号采集时间宜保证频谱分析时谱平均次数不小于 20 次。常用的采集、分析参数设置可见表 6.5.5。

表 6.5.5 动态信号采集主要参数设置及相互关系

序号	参数名称	参数符号	单位	关系	建议取值
1	采样频率	f_s	Hz	$f_s = \dfrac{1}{\Delta T}$（$\Delta T$ 为采样间隔）	$f_s \geq 10 f_{max}$
2	分析带宽	f_b	Hz	$f_b = \dfrac{f_s}{K}$（$K>2$，采用动态信号分析仪时仪器默认）	f_b 与 f_s 联动
3	频率分辨率	Δf	Hz	$\Delta f = \dfrac{f_b}{n_l} = \dfrac{f_s}{K n_l} = \dfrac{f_s}{m_l}$	$\Delta f \leq 0.01 f_{max}$
4	数据块长度	m_l	点	$m_l = K \times n_l = f_s \times t$	与 n_l 联动
5	谱线数	n_l	线	$n_l = \dfrac{f_b}{\Delta f} = \dfrac{f_s}{K \Delta f}$	由其他参数计算得到
6	样本时间长度	t	s	$t = \dfrac{m_l}{f_s} = \dfrac{n_l}{f_b}$	由其他参数导出

注：f_{max}-最高有用信号频率。

6.5.6 在行车激振或跳车激振等强迫振动下，宜直接测试桥梁结构振动的加速度、速度和变形。

条文说明

对于超低频随机信号，微积分（特别是二次微积分）运算尚无法保证有足够的精度，且结果随机性大，因此避免使用通过间接物理量积分运算方法。

6.6 试验数据分析

6.6.1 应对测试信号进行检查和评判，并进行剔除异常数据、去趋势项、数字滤波等必要的预处理。

6.6.2 结构自振频率可采用频谱分析法、波形分析法或模态分析法得到。自振频率宜取用多次试验、不同分析方法的结果相互验证。单次试验的实测值与均值的偏差不应超过 ±3%。

条文说明

（1）波形分析法适用于单一频率自振信号。取若干周期自振波形，通过时间坐标计算自振频率均值。当测试信号包括多阶自振信号叠加时，通常利用带通滤波进行信号分离，得到单一频率的自振信号，再进行频率计算，如图 6-1 所示。

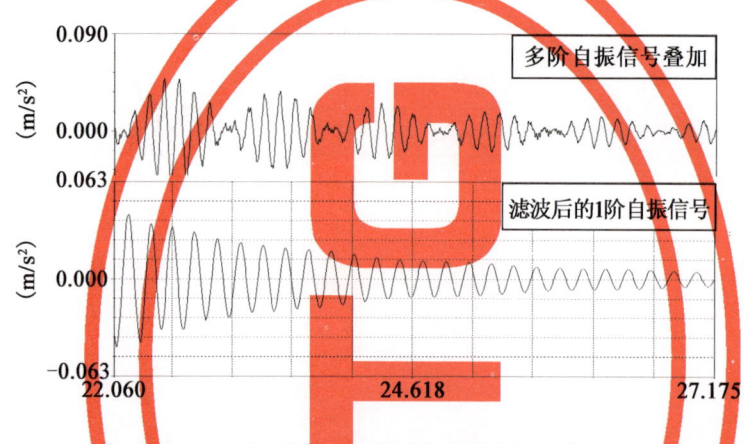

图 6-1　某连续梁桥多阶叠加自振信号的分离

（2）频谱分析法通常用于确定自振信号的各阶频率。用于分析的数据块中不包括强迫振动成分。

（3）采用跳车激振法时，对跨径小于 20m 的桥梁，通常按式（6-1）对实测结构自振频率进行修正。

$$f_0 = f\sqrt{\frac{M_0 + M}{M_0}} \tag{6-1}$$

式中：f_0——结构的自振频率；

　　　f——有附加质量影响的实测自振频率；

　　　M_0——桥梁结构在激振处的换算质量；

　　　M——附加质量。

桥梁结构的换算质量：通常用两个不同质量的突加荷载依次激振，分别测定自振频率 f_1 和 f_2，其附加质量为 M_1 和 M_2，可用式（6-1）求得换算质量 M_0。

（4）采用行车激振法激励时，通常要确定车辆驶离桥梁的准确时刻，以免将强迫振动当作自由振动进行处理，导致自振频率误判。一般根据同时采集的动挠度、动应变实测信号中静态分量的起始位置判定余振起点（图 6-2），再利用分析仪中的数据截断功能将强迫振动响应舍弃。截断后的数据块长度通常要满足频率分辨率的要求。

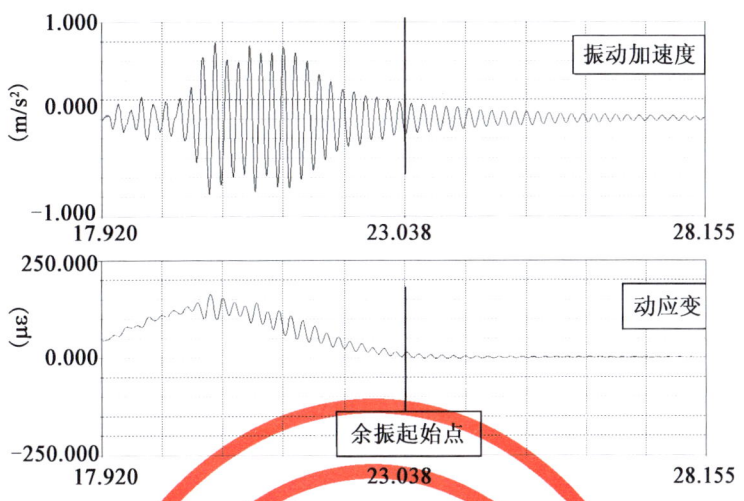

图 6-2 跑车激励余振起始点确定

6.6.3 桥梁结构阻尼可采用波形分析法、半功率带宽法或模态分析法得到。结构阻尼参数宜取用多次试验所得结果的均值,单次试验的实测结果与均值的偏差不应超过 ±20%。

条文说明

(1) 波形分析法。多阶自振信号叠加的波形通常首先分离为单一频率的自振信号(图 6-3),再按式(6-2)计算阻尼参数。

$$D = \frac{1}{2\pi n} \ln \frac{A_i - A'_i}{A_{i+n} - A'_{i+n}} \tag{6-2}$$

式中:D——阻尼比;

n——参与计算的波的个数,不小于 3;

A_i——参与计算的首波峰值;

A'_i——参与计算的首波波谷值;

A_{i+n}——参与计算的尾波峰值;

A'_{i+n}——参与计算的尾波波谷值。

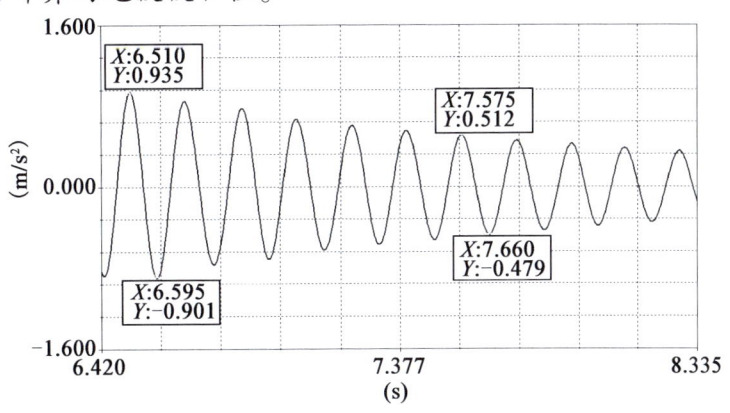

图 6-3 波形法阻尼计算图例

（2）半功率带宽法是在自振频谱图上对每一阶自振频率采用半功率点带宽求取阻尼参数的方法。采用此方法时频率分辨率 Δf 一般不大于1%的自振频率值，以保证插值计算的精度，计算方法见图6-4和式（6-3）。

阻尼比为：

$$D = \frac{n}{\omega_0} = \frac{\omega_2 - \omega_1}{2\omega_0} = \frac{f_2 - f_1}{2f_0} \qquad (6\text{-}3)$$

式中：f_0——自振频率；

f_1、f_2——半功率点频率，即0.707倍功率谱峰值所对应的频率。

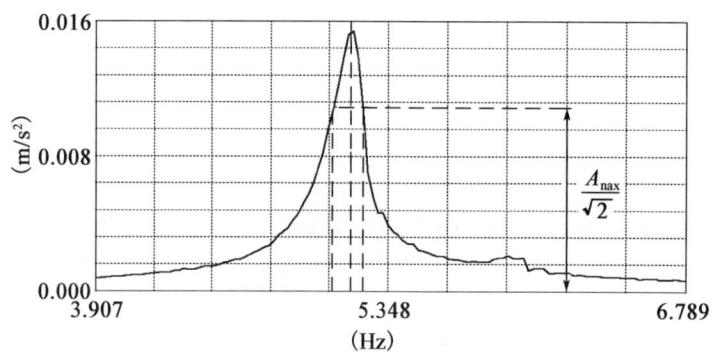

图6-4 半功率点法阻尼识别

6.6.4 振型参数宜采用环境激振等方法进行模态参数识别。宜采用专用软件进行分析，可同时得到振型、固有频率及阻尼比等参数。

条文说明

振型参数识别可采用的计算方法较多，也较复杂。研究表明，当采用环境激振法进行模态参数识别时，随机子空间法精度和效果较好，所以优先采用。

6.6.5 计算冲击系数时应优先采用桥面无障碍行车下的动挠度时程曲线计算。对小跨径桥梁的高速行车试验，当判断直接求取法误差较大时，应根据实际情况采用数字低通滤波法求取最大静挠度或应变。对特大跨径桥梁，受现场条件限制无法测定动挠度时，可采用动应变时程曲线计算冲击系数，计算方法参照图6.6.5。

$$\mu = \frac{f_{\text{dmax}}}{f_{\text{jmax}}} - 1 = \frac{f_{\text{dmax}}}{\dfrac{f_{\text{dmax}} + f_{\text{dmin}}}{2}} - 1 = \frac{f_{\text{dmax}}}{f_{\text{dmax}} - \dfrac{f_{\text{p-p}}}{2}} - 1 \qquad (6.6.5)$$

式中：f_{dmax}——最大动挠度幅值；

f_{jmax}——取波形振幅中心轨迹的顶点值，或通过低通滤波求取；

f_{dmin}——与 f_{dmax} 对应的动挠度波谷值；

$f_{\text{p-p}}$——挠度动态分量的峰—峰值。

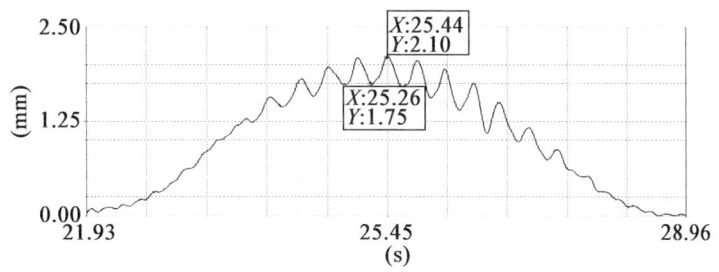

图 6.6.5 冲击系数计算图例

条文说明

（1）对特大跨径桥梁，目前尚缺乏实用可靠的、分辨率能较好满足要求的动挠度测试设备。因此在现场条件受限无法测定动挠度时，通常采用动应变来计算冲击系数。尽管动应变是局部指标，但相关统计资料表明，在绝大多数情况下，应变增大系数与冲击系数存在较好的一致性。试验时通常采用多点测试的平均值，以保证结果的可靠性。

（2）在动挠度或动应变时程曲线中直接求取最大静挠度，其计算结果受人为因素影响较大，这种影响在小跨径桥梁高速行车试验中尤为明显，采用数字低通滤波法求取最大静挠度或应变更为可靠。一般来讲，准静态分量的频率远低于动态分量的频率，因此可通过频谱分析选择合适的低通滤波器滤掉信号的动态分量，从而得到准静态分量。相关统计资料表明，该方法具有较高的可靠性。在实际应用时注意合理选用滤波器类型和截止频率等参数，并进行必要的对比验证，以保留完整的准静态分量。通常，采用低通滤波法求取的冲击系数略小于直接求取法。

（3）对石拱桥和部分混凝土桥梁，实测动力响应往往较小，如动应变幅值经常会处于（5~20）×10^{-6}之间，仪器的噪声影响不可忽视。分析表明，噪声大于信号最大幅值3%的样本通常不能用于冲击系数的计算。

采用直接法计算冲击系数时，考虑时程曲线上最大峰值处动效应与相应的静效应之比或者用最大峰值与相应的等效"静"效应之比，原理清晰，但通过滤波求荷载的静效应值的计算较为复杂，且仅考虑了车辆行驶至某一位置处时对关键截面的冲击作用，无法考虑车辆行驶至不同位置处对该截面的综合冲击效应。若对所有局部"波谷"动响应值与相应"静"载作用下该点响应值之比计算得到的冲击系数进行加权处理，可得到如下冲击系数计算式：

$$\begin{cases} 1+\mu_i = \dfrac{Y_{\max i}}{Y_{\text{mean}i}} \\ Y_{\text{mean}i} = \dfrac{1}{2}(Y_{\max i} + Y_{\min i}) \\ \alpha_i = \dfrac{Y_{\max i}}{\sum\limits_{i=1}^{n} Y_{\max i}} \\ \mu = \sum\limits_{i=1}^{n} \mu_i \alpha_i \end{cases} \quad (6\text{-}4)$$

式中：Y_{maxi}——车辆荷载过桥时动挠度或动应变时程曲线上的一个"波峰"值；
Y_{mini}——与Y_{maxi}相应的"波谷"动响应值；
Y_{meani}——相应"静"载作用下该点的响应值；
μ_i——"波谷"处所对应的局部冲击系数；
α_i——权重。

该方法虽然计算较为复杂，但可真实反映车辆的全程冲击作用。

6.6.6 冲击系数宜取同截面（或部位）多个测点的均值，进行多次试验时可取该车速下的最大值。

6.6.7 分析计算和资料整理应包括下列内容：
1 动载试验荷载效率。
2 各试验工况下动挠度、动应变、加速度等的时域统计特性，包括最大值、最小值、均值和方差等。
3 典型工况下主要测点的实测时程曲线。
4 典型的自振频谱图。
5 实测自振频率与计算频率列表比较。
6 冲击系数—车速相关曲线图或列表。
7 其他必要的图表、曲线、照片等数据或资料。

6.6.8 桥梁结构性能分析应通过下列方法进行：
1 比较实测自振频率与计算频率，实测频率大于计算频率时，可认为结构实际刚度大于理论刚度，反之则实际刚度偏小。
2 比较自振频率、振型及阻尼比的实测值与计算数据或历史数据，可根据其变化规律初步判断桥梁技术状况是否发生变化。
3 比较实测冲击系数与设计所用的冲击系数，实测值大于设计值时应分析原因。

条文说明

1 自振频率与结构刚度有着明确的关系。自振频率容易精确测量，利用自振频率评价桥梁的刚度也具有较高的可靠性。结构部件出现缺损时，一般自振频率会降低，振型出现变异。

2 桥梁结构存在或出现缺损时，一般会造成振型的变异。一般来讲，变异区段即为缺损所在区段。阻尼比参数，可以通过和同一座桥的历史数据对比，或同类桥梁历史经验数据对比，粗略判断桥梁结构的技术状况是否出现劣化，如阻尼比明显偏大，则桥梁结构技术状况可能存在缺损或出现劣化。

7 现场实施

7.1 一般规定

7.1.1 加载试验过程中和试验结束后，应对加载影响较大的部位（受力较大部位、薄弱部位、原有缺陷部位等）进行详细检查。

7.1.2 加载试验前应对测点与测量仪器予以防护，避免日照、风雨、振动和周围其他干扰。

7.1.3 试验时应保持现场人员的通信畅通。

7.1.4 应保证测试支架牢固、可靠，并具有足够的刚度，在测试期间不应发生影响测试准确度的变形。现场风速较大，测试支架发生可能影响测试准确度的变形时，应停止该条件下的试验加载与测试。初读数至加载或卸载读数期间，严禁机械和人员碰触测试支架。

条文说明

测试支架是指专供机械式桥梁变形测试仪表安装，并提供基准点的支撑物。

7.1.5 操作平台应与测试支架分开设置，受力应完全独立。操作平台必须牢固可靠，能承受相应的荷载并满足其功能需要。桥检车在桥上布置或者行驶位置应考虑桥梁及其局部的受力安全。

条文说明

操作平台是指供人员进行仪表或元件现场安装、测试读数或者行走的工作平台。操作平台通常采用桥检车、脚手架等。桥检车向外伸臂距离较短，具有边吊杆或斜拉索的桥梁通常不采用桥检车进行仪表、元件安装、接线等工作。

7.2 现场布设

7.2.1 测点放样与布设应符合下列规定：
1　现场测点布设应事先准备详细的测点布置方案。
2　测点布置时，如需局部调整布置方案，应做好记录。
3　采用有线传输多点应变信号时，应采用电阻值相同的数据线，测点布设前应对测点及数据线进行编号；测点布设时应保证传感器与结构黏结良好，不松动，无气泡；传感器与数据线采用焊接连接时，应保证焊接良好，无夹渣；必要时，应对测点进行防潮保护。
4　采用百分表（千分表）进行变形测量时，测试仪表基座应与结构完全脱离，并使仪表行程满足结构的变形要求。采用精密水准仪、全站仪等进行变形测量时，应在试验前设置好基准点并对测点进行编号标记。
5　动态测点布设时，应保证传感器和结构黏结牢靠。

7.2.2 现场仪器设备安置时，应保证数据采集人员的安全工作范围。

7.2.3 加载位置标记应符合下列规定：
1　试验前，应对所有加载工况及位置进行标记。标记内容应包括工况编号及其荷载位置等关键信息。
2　必要时，标记点应具有防雨（水）、雪的能力。在夜间实施加载时，尚应准备必要的照明设施或采用具有反光功能的标记材料。

7.2.4 加载车辆、加载物的称量及标记应符合本规程第5.4.5条的规定。

7.3 安全措施

7.3.1 桥梁荷载试验应检查试验前后与过程中的人员、设备、仪表的安全状况，防止意外事故的发生。

7.3.2 荷载试验期间，应组织好车辆的加载、卸载流程，确定车辆停靠、加载物堆放的位置，宜缩短加、卸载时间。

条文说明

在未进行桥梁试验的桥联上停放加载车辆时，注意保持车辆间距，以确保临时停放车辆桥联结构的安全。

7.3.3 应通过结构验算保证结构安全、支架安全。在分级加、卸载试验过程中，应通过观察结构或支架的异常反应、分析测试数据变化规律等进行判断。

7.3.4 应详细检查接电、接地、防雨（水）、防尘、防风、防雷等措施是否正确、完备；所有设备都应轻拿轻放、安置稳固；运输过程中应按设备本身的防振、防尘要求进行包装防护。

8 试验报告编制

8.0.1 试验报告格式应符合本规程附录 E 的要求。

8.0.2 工程概况应包括下列内容：
1 试验桥梁的所属工程、名称、建设或服役龄期、起止点或中心桩号、结构形式、跨径组合、桥跨结构横断面形式、下部结构形式、控制荷载、运营车道数等主要技术指标。
2 给出至少一张结构整体外貌照片，以及包括主要尺寸的试验桥联（孔）结构的立面图、平面图及横断面图。

条文说明

对结构设计计算车道数与运营车道数不一致的桥梁（如三车道设计两车道运营），一般在报告中说明试验依据的荷载标准。

8.0.3 试验目的及依据应包括下列内容：
1 应按桥梁结构类型和控制荷载的性质说明试验的目的。
2 应列出试验所依据的标准规范、规程、设计图纸、竣工图纸及其他相关资料。

8.0.4 试验内容应按静载试验、动载试验分别说明。

8.0.5 试验仪器设备应包括试验仪器设备的名称（型号）、设备编号、主要技术参数等，可列表给出。

8.0.6 静载试验部分应包括下列内容：
1 静载试验报告内容应包括支座、墩台、防护工程、桥面结构和行车条件检查及评述，结构内力分析结果，测试截面选择，应变及挠度等测点布置，试验加载车辆或加载物选择，试验工况及加载位置说明，试验测试过程，试验结果及分析和静载试验结论。
2 应简要说明桥梁结构内力分析选用的程序、材料主要参数、内力分析主要结果，并给出有关计算图式。
3 应依据计算结果选定测试截面，说明荷载试验截面的测试项目。

4 应按测试截面说明应变、挠度等测点数量、布置，并给出图示。

5 应说明试验加载车辆的型号、轴重分配，若采用加载物加载则需说明加载物的密度、体积，给出试验荷载效率。

6 应依据测试截面次序分工况依次列出纵、横桥向加载位置，并辅以图示说明。

7 应简要说明试验准备、预加载、试验加载、卸载等主要试验过程。

8 应以列表形式给出各工况下应变、挠度等测试截面实测值、平均值、残余值、理论计算值及校验系数。应将具有代表性测点的实测值与理论值绘制成图，便于观测试验荷载下的分布状况或结构响应。

9 应给出包括试验测试截面几何、力学参数，并依据实测数据判断结构工作状态是否满足设计要求或达到控制荷载要求等的静载试验结论。

8.0.7 动载试验部分应包括下列内容：

1 动载试验报告内容应包括：结构动力分析、测试截面的选择及传感器测点布置、试验荷载选择、试验工况、试验结果及分析、动载试验结论。

2 结构动力分析应包括本规程第6.3.1条规定的结构自振频率理论计算值及振型描述。

3 应图示说明测试截面位置及传感器在纵、横断面上的布置状况。

4 应说明车辆数、车重等试验荷载信息。

5 应分工况依次说明试验车辆荷载无障碍行车速度及跳车等状况。

6 试验结果及分析应包括动力信号处理方法、结构自振频率、阻尼比、冲击系数测试结果及图示，并与理论计算值进行对比。

7 动载试验结论应包括结构动力测试关键参数，及对结构状况的评价。

8.0.8 试验结论应包括下列内容：

1 试验结论应包括静载试验结论、动载试验结论、试验过程裂缝状况等现象。

2 静载试验结论应根据中载及偏载试验的结果对静载试验进行分析，给出试验测试截面的几何、力学参数，应变、挠度等的校验系数，依据实测数据判断结构工作状态是否满足设计要求或目标荷载的要求。

3 动载试验应以主要的动力测试参数说明结构的动力性能和结构响应，在理论值与实测值对比的基础上对结构做出评价。

4 试验过程裂缝状况等现象应说明结构在加载期间有无可视裂缝产生、裂缝变化或其他情况出现，给出主要裂缝照片图示，分析裂缝对结构的影响。

8.0.9 技术建议应根据荷载试验的结论对结构提出有针对性建议，如限速、限载、封闭交通、养护、维修加固或改扩建等。

8.0.10 附件应包括下列内容：

1 典型的原始测试数据和工作照片。
2 必要的加载试验照片。
3 正文中需要辅助说明的其他相关支持资料。

附录 A 桥梁静力参数测试设备技术要求

A.0.1 应变（或应力）测试设备应满足表 A.0.1 的要求。

表 A.0.1 应变（或应力）测试设备技术要求

量测内容	仪表名称	最小分划值（με）	常用量测范围（με）	数据采集分析系统 仪器名称	数据采集分析系统 技术参数	备注
应变	千分表	2	±(5~2 000)	—	—	配附件
应变	杠杆引伸仪	2	±(50~200)	—	—	配附件
应变	手持应变仪	5	±(100~20 000)	—	—	配表脚
应变	电阻应变仪	1	±20 000	应变测试分析系统	①测量应变范围：±20 000με；②分辨率：1με	贴电阻片
应变	振弦式应变计	1	±3 000	振弦式传感器、频率测量仪或综合测试仪	①测量范围：振弦频率 400~6 000Hz；②测量精度：频率精度 0.05Hz	表面粘贴
应变	光纤光栅式应变计	2	±6 000	光纤光栅式解调仪	可接入传感单元>64；扫描频率>60Hz；波长分辨率不大于 1pm	表面粘贴、埋设

注：1. 测钢构件（或混凝土内钢筋）应变，宜采用标距不大于 6mm 的小标距应变计；测混凝土结构表面应变，宜选用标距不小于 80~100mm 的大标距应变计。
2. 或采用符合技术要求的其他设备。

A.0.2 变形测试设备应满足表 A.0.2 的要求。

表 A.0.2 变形测试设备技术要求

量测内容	仪表名称	最小分划值及精度	常用量测范围	备注
变形	千分表	0.001mm	0~10mm	配置安装配件
变形	百分表	0.01mm	1~50mm	配置安装配件
变形	精密水准仪	0.3mm	—	
变形	全站仪	测角：精度为 0.5″；测距：标准测量精度 $1.0mm + 10^{-6}L$	—	监测使用时大气环境，必要时进行修正

续表 A.0.2

量测内容	仪表名称	最小分划值及精度	常用量测范围	备注
变形	位移计	0.01~0.03mm	20~100mm	配置安装配件
	经纬仪	0.5mm	—	
	连通管	0.1mm	<300mm	配备测读仪器
	卫星定位系统	坐标测量 水平：$5mm + 10^{-6}L$； 垂直：$10mm + 2 \times 10^{-6}L$	—	满足大跨度桥梁形变测量需要

注：1. 或采用符合技术要求的其他设备。
2. L 为观测距离。

A.0.3 裂缝测试设备应满足表 A.0.3 的要求。

表 A.0.3 裂缝测试设备技术要求

量测内容	仪表名称	最小分划值	常用量测范围	备注
裂缝	刻度放大镜	0.01mm	—	配置安装配件
	裂缝计	0.01mm	<200mm	
	千分表	0.001mm	0~10mm	

注：或采用符合技术要求的其他设备。

A.0.4 倾角测试设备应满足表 A.0.4 的要求。

表 A.0.4 倾角测试设备技术要求

量测内容	仪表名称	最小分划值	常用量测范围	备注
倾角	水准式倾角仪	2.5′	20′~1°	固定支架
	光纤光栅式倾角计	5′	±10°	配置安装配件
	数显倾角仪	1′	±1°~±18°	铁质安装界面
	双轴倾角仪	1′	±30°	配置安装配件

注：或采用符合技术要求的其他设备。

附录 B 索力振动测试法

B.0.1 在一定条件下索股拉力与索的振动频率存在对应的关系,在已知索的长度、分布质量及抗弯刚度时,可通过索股的振动频率计算索的拉力。

B.0.2 测量系统及技术要求应主要包括下列内容:
1 测量系统一般由传感器、放大器、信号采集与分析仪器组成。
2 传感器、放大器及信号采集系统应有足够的灵敏度,可测量索在自然环境激励或人工激振下的横向振动信号。
3 测量系统的频响范围应能满足不同索的自振频率测量要求,其带宽应充足。
4 信号采集与分析仪器,应有抗混叠滤波和频率分析功能,频率分辨率应至少达到 0.01Hz。

B.0.3 测试与记录应包括下列内容:
1 可采用随机环境激励的测量方法,采集索在环境激励下的振动信号。当测试系统灵敏度不够时,可采用人工激振。
2 测量时应临时解除索的外置阻尼器。
3 传感器应采用专用夹具或绑带固定在索股上,安装位置宜远离索股锚固端,测量索的面外横向振动。
4 采样频率应大于或等于索股第 5 阶自振频率的 5 倍,宜不低于 100Hz。记录时间宜大于 5min。现场采集数据时应注意观察信号质量。
5 一般采用自谱分析方法,获取索的多阶自振频率,宜获取前 5~10 阶自振频率。应按随机信号处理的规定,合理选取分析数据长度、分析带宽、谱线数、重叠率、窗函数及谱平均次数等分析参数,以减少分析误差,并具有不大于 0.01Hz 的频率分辨率。
6 应判断实测自振频率的阶次及漏频情况。可根据实测的多阶自振频率中相邻阶的频率差值来判断。当各相邻阶的频率差值近似相等,且和测得的第 1 阶频率接近时,不存在漏频现象;否则,存在漏频现象。

B.0.4 索力计算应符合下列规定:
1 可采用基于前几阶实测频率的索力计算方法和基于实测基频的索力计算方法,宜对不同分析方法的计算结果进行相互验证。
2 基于前几阶实测频率的索力计算方法。

1)根据实测的前几阶自振频率值,按每一阶自振频率计算索力,一般宜取前 5 阶计算值的均值作为索力实测值。

2)当索的抗弯刚度可以忽略时,按下式计算索力:

$$T = \frac{4\rho L^2 f_n^2}{n^2} \quad (B.0.4\text{-}1)$$

3)当索的抗弯刚度不可忽略,且索两端约束条件可简化为简支时,按下式计算索力:

$$T = \frac{4\rho L^2 f_n^2}{n^2} - \frac{n^2 \pi^2 EI}{L^2} \quad (B.0.4\text{-}2)$$

式中:T——索力;

f_n——索的第 n 阶自振频率;

L——索的计算长度;

n——自振频率阶数;

EI——索的抗弯刚度;

ρ——索的线密度。

3 基于基频的索力计算方法。

当通过频谱分析能得到索的自振基频 f_1 或虽然不能得到索的自振基频 f_1,但实测前 10 阶自振频率中相邻阶的频率差值近似相等时,可用频率差值或多个频率差值的均值替代基频 f_1。索力 T 可按图 B.0.4 的流程计算得到。其中,ξ 为反映索抗弯刚度影响大小的参数;T' 为索力计算过程变量。

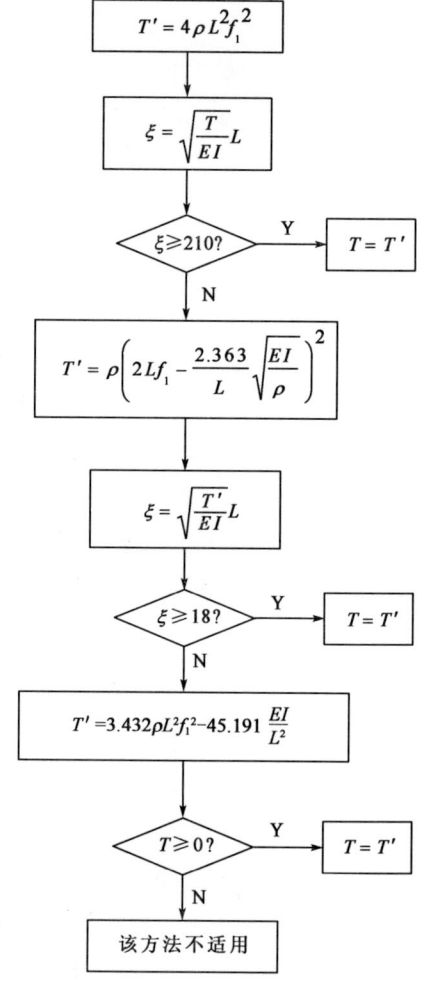

图 B.0.4 基于基频 f_1 的索力计算流程

附录 C 桥梁动力参数测试设备技术要求

C.0.1 桥梁自振特性测试设备应满足表 C.0.1 的技术要求。

表 C.0.1 自振特性参数测试设备技术要求

测量内容	测量系统		数据采集分析系统		备注
	仪器名称	适用范围	仪器名称	技术参数	
动力特性参数	磁电式拾振器及放大器	①测量范围：位移 ±20mm；加速度 ±0.5g； ②频率响应：0.3~20Hz； ③可用于行车试验、脉动试验	由计算机与相应软件构成的采集系统	①输入电压范围 0~±5（10）V； ②频率响应：0~5kHz； ③采样频率不低于1kHz	
	应变式加速度计及动态应变仪	①测量范围：±5g； ②频率响应：0~100Hz； ③可用于行车试验			
	压电式加速度计及电荷放大器	①测量范围：±100g； ②频率响应：0.5~1kHz； ③可用于行车试验，索力测量、高灵敏度的也可用于脉动试验			
	伺服式加速度计及放大器	①测量范围：±5g； ②频率响应：0~100Hz； ③可用于行车试验、脉动试验			
	电容式加速度计及放大器	①测量范围：±5g； ②频率响应：0~100Hz； ③可用于行车试验、脉动试验			

注：或采用符合技术要求的其他设备。

C.0.2 桥梁动力响应测试设备应满足表 C.0.2 的技术要求。

表 C.0.2 动力响应测试设备技术要求

测量内容	测量系统		数据采集分析系统		备注
	仪器名称	适用范围	仪器名称	技术参数	
应变	电阻应变计（片）及动态应变仪	①测量范围：±15 000$\mu\varepsilon$； ②频率响应：0~10kHz； ③可用于行车试验	由计算机与相应软件构成的采集系统	①桥压范围0~±5（10）V； ②频率响应：0~5kHz； ③采样频率不低于1kHz	可预埋或后装
	光纤光栅式应变计及调制解调器	①测量范围：±6 000$\mu\varepsilon$； ②分辨率1$\mu\varepsilon$； ③可用于行车试验	光纤光栅式解调仪	采样频率：不低于100Hz	

续表 C.0.2

测量内容	测量系统		数据采集分析系统		备注
	仪器名称	适用范围	仪器名称	技术参数	
位移	电阻应变式位移计及动态应变仪	①测量范围：±15 000με； ②频率响应：0～20Hz； ③可用于低速行车试验	由计算机与相应软件构成的采集系统	①桥压范围0～±5(10) V； ②频率响应：0～5kHz； ③采样频率不低于1kHz	接触式测量，需要表架
	光电位移测量装置	①测量距离：500m； ②测量范围：±2.5 m（当最大测距时）； ③频率响应：20Hz； ④可用于行车试验			非接触式测量
	光电动挠度仪	①测量距离：5～500m ②测量精度：±0.02～±0.03mm，与测量距离有关	—	—	非接触式测量

注：或采用符合技术要求的其他设备。

附录 D 荷载试验过程中混凝土裂缝情况检查记录表

表 D.0.1 混凝土裂缝检查记录表

桥梁名称： 　　　　　　　　　　　　　　构件名称：

裂缝编号	裂缝测值					
	试验工况 1		试验工况 2		……	
	裂缝长度（m）	裂缝宽度典型值（mm）	裂缝长度（m）	裂缝宽度典型值（mm）	裂缝长度（m）	裂缝宽度典型值（mm）
1						
2						
……						
合计裂缝长度（m）					宽度超过 0.2mm 的裂缝长度____（m）	
裂缝分布及走向示意						

记录： 　　　　　　　　　复核： 　　　　　　　　　日期：

附录 E 试验报告格式

E.0.1 封面宜采用下列格式：

×××线

×××桥荷载试验报告

×××（检）字（QL-××）×年第××号 共×页

委托单位：
试验单位：

（报告日期）

E.0.2 扉页宜采用下列格式：

| 试验单位资质 | | CMA 认证标识 |

×××线

××× 桥 荷 载 试 验 报 告

×××（检）字（QL-××）×年第××号　共×页

项目负责人：（签字）

报告编写人：（签字）

报告审核人：（签字）

报告审批人：（签字）

（试验单位名称及盖章）

（报告日期）

E.0.3 荷载试验人员名单宜采用下列格式：

序号	姓名	职称	从事专业	资格证书类型及编号	本试验中的职责
1					
2					
3					
4					
5					
……					

E.0.4 荷载试验简表宜采用下列格式：

E.0.5 报告正文目录应包括下列内容：

1　工程概况；

2　试验目的及依据；

3 试验内容；
4 试验仪器设备；
5 静载试验；
6 动载试验；
7 试验结论；
8 技术建议；
9 附件。

本规程用词用语说明

1 本规程执行严格程度的用词，采用下列写法：

1）表示很严格，非这样做不可的用词，正面词采用"必须"，反面词采用"严禁"；

2）表示严格，在正常情况下均应这样做的用词，正面词采用"应"，反面词采用"不应"或"不得"；

3）表示允许稍有选择，在条件许可时首先应这样做的用词，正面词采用"宜"；反面词采用"不宜"；

4）表示有选择，在一定条件下可以这样做的用词，采用"可"。

2 引用标准的用语采用下列写法：

1）在规程总则中表述与相关标准的关系时，采用"除应符合本规程的规定外，尚应符合国家和行业现行有关标准的规定"。

2）在规程条文及其他规定中，当引用的标准为国家标准或行业标准时，表述为"应符合《××××××》（×××）的有关规定"。

3）当引用本规程中的其他规定时，表述为"应符合本规程第×章的有关规定"、"应符合本规程第×.×节的有关规定"、"应符合本规程第×.×.×条的有关规定"或"应按本规程第×.×.×条的有关规定执行"。